本丛书出版得到以下研究机构经费资助：

嘉应学院客家研究院

梅州市客家研究院

广东省客家文化研究基地—嘉应学院客家研究院

广东省非物质文化遗产研究基地—嘉应学院客家研究院

理论粤军·广东地方特色文化研究基地—客家文化研究基地

广东省粤台客家文化传承与发展协同创新中心—嘉应学院客家研究院

广东省普通高校人文社会科学省市共建重点研究基地—嘉应学院客家研究院

客家学研究丛书

民间信仰、客家族群与地域社会

粤东梅州地区的重点研究

宋德剑 著

暨南大學出版社
JINAN UNIVERSITY PRESS

中国·广州

图书在版编目（CIP）数据

民间信仰、客家族群与地域社会：粤东梅州地区的重点研究/宋德剑著．—广州：暨南大学出版社，2015.7
（客家学研究丛书）
ISBN 978－7－5668－1385－5

Ⅰ．①民…　Ⅱ．①宋…　Ⅲ．①客家人—信仰—民间文化—研究—梅州市　Ⅳ．①B933

中国版本图书馆 CIP 数据核字（2015）第 071005 号

出版发行：暨南大学出版社

地　址：中国广州暨南大学
电　话：总编室（8620）85221601
　　　　营销部（8620）85225284　85228291　85228292（邮购）
传　真：（8620）85221583（办公室）　85223774（营销部）
邮　编：510630
网　址：http：//www.jnupress.com　http：//press.jnu.edu.cn
排　版：广州市天河星辰文化发展部照排中心
印　刷：佛山市浩文彩色印刷有限公司
开　本：787mm×960mm　1/16
印　张：10.625
字　数：192 千
版　次：2015 年 7 月第 1 版
印　次：2015 年 7 月第 1 次
定　价：30.00 元

总　序

客家文化以其语言、民俗、音乐、建筑等方面的独特性，尤其是客家人在海内外社会经济发展中的突出贡献，引起了历史学、人类学、民俗学和语言学等诸多学科领域内学者的关注。而随着西方人文学科理论和研究方法在20世纪初传入我国，客家历史与文化研究也逐渐进入科学规范的研究行列，并相继出现了一批具有开创性的研究成果。1933年，罗香林《客家研究导论》的出版，标志着客家研究进入了现代学术研究的范畴。20世纪80年代以来，著作、论文等研究成果的推陈出新，也在呼吁学界能够设立专门的学科并规范客家研究的科学范式。

作为国内较早成立的专门从事客家研究的机构，嘉应学院客家研究院用二十五载的岁月，换来了客家研究成果在数量上空前的增长，率先成为客家学研究的重要阵地，也引起了国内外学术界的高度关注。但若从质的维度来看，当前的客家研究还面临一系列有待思考及解决的问题：客家学研究的主题有哪些？哪些有意义，哪些纯粹是臆测？这些主题产生的背景是什么？它们是如何通过社会与历史的双重作用，而产生某些政治、经济乃至文化权力的诉求与争议的？当代客家研究如何紧密结合地方社会发展的需要，又如何与国内外其他学科对话与交流？诸如此类的疑惑，需要从理论探索、田野实践和学科交叉等层面努力，以理论对话和案例实证作为手段，真正实现跨区域和多学科的协同创新。

一、触前沿：客家学研究的理论探索

当前的客家学研究主要分布在人文社会科学的诸多学科范围之内，所以开展卓有成效的客家研究自然需要敢于接触不同学科领域的学术理论。比如，社会学科先后出现过福柯的权力理论、布尔迪厄的实践理论、吉登斯的结构化理论、鲍曼的风险社会理论、哈贝马斯的沟通行动理论、卢曼的系统理论、科尔曼的理性选择理论和亚历山大的文化社会学理论。[1] 社

---

① Pierre Demeulenaere, *Analytical Sociology and Social Mechanisms*, Cambridge: Cambridge University Press, 2011.

会科学研究经常需要涉及的热点议题，在客家研究中同样不可回避，比如社会资本、新阶层、互联网、公共领域、情感与身体、时间与空间、社会转型和世界主义。① 再比如，社会学关于移民研究的推拉理论、人类学对族群研究的认同与边界理论以及社会转型与文化变迁的机制，都可以具体应用到客家研究上，并形成理论对话而提升客家研究的高度。在研究方法上，人文社会科学提倡的建模、机制与话语分析、文化与理论自觉等前沿手段，② 都可以遵循“拿来主义”的原则为客家研究所用。

可以说，客家研究要上升为独具特色的独立学科，首先要解决的便是理论对话和科学研究的范式问题。客家学作为一门融会了众多社会人文学科的综合性学科，既不是客家史，也不是客家地区政治、经济、文化等内容的汇编或整合，而是一门以民族学基础理论为基础，又比民族学具有更多独特特征、丰富内容的学科。③ 不可否认的是，客家研究具有自身独特的学术传统，但要形成自身的理论构架和研究方法，若离开历史学、文献学、考古学、人类学、语言学、社会学、民俗学等诸多学科理论的支撑，显然就是痴人说梦。要在这方面取得成绩，则非要长期冷静、刻苦、踏实、认真潜心研究不可。如若神不守舍、心动意摇，就会跑调走板、贻笑大方。在不少人汲汲于功名、切切于利益、念念于职位的当今，专注于客家研究的我们似乎有些另类。不过，不管是学者应有的社会良知与独立人格，还是人文学科秉持的历史责任与独立思考的精神，都激励我们坚持实事求是的原则，在触碰前沿理论上不断探索，以积累学科发展所需的坚实理论。

要做到这一点，就得潜下心来大量阅读国内外学术名著，了解前沿理论的学术进路和迁移运用，使客家研究能够进入国际学术研究对话的行列。

二、接地气：客家研究的田野工作

学科发展需要理论的建设与支撑，更离不开学科研究对象的深入和扩

---

① Jonathan H. Turner (ed.), *Handbook of Sociological Theory*, Kluwer Academic Publishers, 2011.

② James Jaccard and Jacob Jacoby, *Theory Construction and Model-Building Skills*, New York: Guilford Press, 2010.

③ 吴泽：《建立客家学刍议》，载吴泽主编：《客家学研究》（第二辑），上海：上海人民出版社，1990 年。

展，而进入客家人生活的区域开展田野工作，借助从书斋到田野再回到书斋的螺旋式上升的研究路径，客家研究才能做到“既仰望星空又能接地气”，才能厚积薄发。

人类学推崇的田野工作要求研究者通过田野方法收集经验材料的主体，客观描述所发现的任何事情并分析发现结果。[①] 田野工作的目标要界定并收集到自己足以真正控制严格的经验材料，所以需要充分发挥参与观察、深度访谈和问卷调查的手段。从学科建设和学科发展的角度，客家族群的分布和文化多元特征，决定了客家研究对田野调查的依赖性。这就要求研究者深入客家乡村聚落，采用参与观察、个别访谈、开座谈会、问卷调查等方法调查客家民俗节庆、方言、歌谣等，收集有关客家地区民间历史与文化丰富性及多样性的资料。

而在客家文献资料采集方面，田野工作的精神同样适用。一方面，文献资料可以增加研究者对客家文化的理解，而且还可以对研究者的学术敏感和问题意识产生积极影响；另一方面，田野工作既增加了文献资料的来源，又能提供给研究者重要的历史感和文化体验，也使得文献的解读可以更加符合地方社会的历史与现实。譬如，到图书馆、档案馆等公藏机构及民间广泛收集对客家文化、客家音乐、客家方言等有所记载的正史、地方志、文集、族谱及已有的研究成果等。田野调查需要入村进户，因此从具有深厚文化传统的客家古村落入手，无疑可以取得事半功倍的效果。

在客家地区开展田野调查，需要点面结合才能形成质量上乘的多点民族志。20 世纪 90 年代，法国人类学家劳格文与广东嘉应大学（2000 年改名为嘉应学院）、韶关大学（2000 年改名为韶关学院）、福建省社会科学院、赣南师范学院、赣州市博物馆等单位合作，开展“客家传统社会”的系列研究。他在长达十多年的时间里，辗转于粤东、闽西、赣南、粤北等地，深入乡镇村落，从事客家文化的田野调查。到 2006 年，这些田野调查的成果汇集出版了总计 30 余册的“客家传统社会”丛书，不仅集中地描述客家地区传统民俗与经济，还具体地描述了传统宗族社会的形成、发展和具体运作及其社会影响。

2013 年以来，嘉应学院客家研究院选择了多个历史悠久、文化底蕴深厚的古村落，以研究项目的形式开展田野作业，要求研究人员采用参与观

---

① ［挪］托马斯·许兰德·埃里克森著，周云水、吴攀龙、陈靖云译：《什么是人类学》，北京：北京大学出版社，2013 年，第 65 ~ 67 页。

察、深度访谈、文献追踪等方法，对村落居民的源流、宗族、民间信仰、习俗等民间社会与文化的形成与变迁进行深入的分析和研究，形成对乡村聚落历史文化发展与变迁的总体认识。在对客家地区文化进行个案分析与研究的基础上，再进行跨区域、跨族群的文化比较研究，揭示客家文化的区域特征，进而梳理客家社会变迁和文化发展过程。

闽粤赣是客家聚居的核心区域，很多风俗习惯都能够找到相似的元素。就每年的元宵习俗而言，江西赣州宁都有添丁炮、石城有灯彩，而到了广东的兴宁和和平县，这一习俗则演变为“响丁”，花灯也成了寄托客家民众淳朴愿望的符号。所以，要弄清楚相似的客家习俗背后有何不同的行动逻辑，就必须用跨区域的视角来分析。这一源自田野的事例足以表明田野调查对客家学研究的重要性。

无论是主张客家学学科建设应包括客家历史学、客家方言学、客家家族文化、客家文艺、客家风俗礼仪文化、客家食疗文化、客家宗教文化、华侨文化等,[①] 还是认为客家学的学科体系要由客家学导论、客家民系学、客家历史学、客家方言学、客家文化人类学、客家民俗学、客家民间文学、客家学研究发展史等八个科目为基础来构建,[②] 客家研究都无法回避研究对象的固有特征——客家人的迁徙流动而导致的文化离散性，所以在田野调查时更强调追踪研究和村落回访[③]。只有夯实田野工作的存量，文献资料的采集才可能溢出其增量的效益。

三、求创新：客家研究的学科交叉

学问的创新本不是一件易事，需要独上高楼，不怕衣带渐宽，耐得孤独寂寞，一往无前地上下求索。客家研究更是如此，研究者需要甘居边缘、乐于淡泊、自守宁静的治学态度——默默地做自己感兴趣的学问，与两三同好商量旧学、切磋疑义、增益新知。

客家研究要创新，就需要综合历史学、人类学、语言学、音乐学、社会学等学科理论和方法，对客家民俗、客家方言、客家音乐等进行综合分析和研究，以学科交叉合作的研究方式，形成对客家族群全面的、客观的

---

① 张应斌：《21 世纪的客家研究——关于客家学的理论建构》，《嘉应大学学报》1996 年第 4 期。

② 凌双匡：《建立客家学的构想》，《客家大观园》1994 年创刊号。

③ ［美］科塔克著，周云水译：《文化人类学——欣赏文化差异》，北京：中国人民大学出版社，2012 年，第 457 ~459 页。

总体认识。

客家族群作为中华民族共同体的一个重要支系，在其形成和发展过程中融合多个山区民族的文化，形成独具特色的文化体系。建立客家学学科，科学地揭示客家族群的个性和特殊性，可以加深和丰富对中华民族的认识。用客家人独特的历史、民俗、方言、音乐等本土素材，形成客家学体系并进一步建构客家学学科，将有助于促进中国人文社会科学本土化的发展，从而为中国人文社会科学的发展和繁荣作出应有的贡献。客家人遍布海内外 80 多个国家和地区，客家华侨华人 1 000 余万，每年召开一次世界性的客属恳亲大会，在全世界华人中具有重要影响。粤东梅州是全国四大侨乡之一，历史遗存颇多，文化积淀深厚，华侨成为影响客家社会历史和文化发展的重要因素。建立客家学学科，将进一步拓宽华侨华人研究领域，有助于华侨华人与侨乡研究的深入发展。

在当前客家学研究成果积淀日益丰厚、客家研究日益受到社会各界重视的情况下，总结以往研究成果，形成客家学学科理论和方法，构建客家学学科体系，成为目前客家学界非常紧迫而又十分重要的任务。

嘉应学院客家研究院敢啃硬骨头，在总结以往研究成果的基础上，完成目前学科建设条件已初步具备的客家文化学、客家语言文字学、客家音乐学等的论证和编纂，初步建构客家学体系的分支学科。具体而言，客家文化学探讨客家文化的历史、现状和未来并揭示其发生、发展规律，分析客家族群的物质文化、制度文化和精神文化的产生、发展过程及其特征。客家语言文字学探讨客家方言的语音、词汇、语法、文字等的特征，展示客家语言文字的具体内容及其社会意义。客家音乐学探讨客家山歌、汉剧、舞蹈等的发生、发展及其特征，揭示客家音乐的具体内容和社会意义。

客家族群是汉民族的一个支系，研究时既要注意到汉文化、中华文化的普遍性，又要注意到客家文化的独特性，体现客家文化多元一体的属性。客家学研究的对象，决定客家学是一门融合历史学、民俗学、方言学、音乐学、社会学等众多社会人文学科的综合性学科。如何形成跨学科的客家学研究理论与方法，是客家研究必须突破的重要问题。唯有明确客家学研究的基本概念、理论和方法，通过广泛的田野调查和深入的个案研究，广泛收集关于客家文化、客家方言、客家音乐等各种资料，从多角度进行学科交叉合作的分析和研究，才能实现创新和发展。

嘉应学院地处海内外最大的客家人聚居地，具有开展客家学研究得天独厚的地缘优势。1989 年，嘉应学院的前身嘉应大学率先在全国建立了专门性的校级客家研究机构——客家研究所。2006 年 4 月，以客家研究所为基础，组建了嘉应学院客家研究院、梅州市客家研究院。因研究成果突出、社会影响大，2006 年 11 月，客家研究院被广东省社会科学界联合会评为“广东省客家文化研究基地”；2007 年 6 月，被广东省教育厅评为“广东省普通高校人文社会科学省市共建重点研究基地”。之后其又被广东省委宣传部、广东省社会科学院评为“广东地方特色文化研究基地——客家文化研究基地”，被广东省文化厅评为“广东省非物质文化遗产研究基地”，被广东省教育厅评为“广东省粤台客家文化传承与发展协同创新中心”；还经国家民政部门批准，在国家一级学会“中国人类学民族学研究会”下成立了“客家学专业委员会”。

2009 年 8 月，在昆明召开的第 16 届国际人类学大会上，客家研究院成功组织“解读客家历史与文化：文化人类学的视野”专题研讨会，初步奠定了客家研究国际化的基础。2012 年 12 月，客家研究院召开了“客家文化多样性与客家学理论体系建构国际学术研究会”，基本确立了客家学学科建设的基本途径和主要方法。另外，1990 年以来，嘉应学院客家研究院坚持每年出版两期《客家研究辑刊》（现已出版 45 期），不仅刊载具有理论对话和新视角的论文，也为未经雕琢的田野报告提供发表和交流的平台。自 1994 年以来，客家研究院承担国家社会科学基金项目 2 项，广东省哲学社会科学规划项目等 20 余项，出版《客家源流探奥》①等著作 50 余部，其中邱国锋等的著作《兴宁市总体发展战略规划研究》② 获广东省哲学社会科学优秀成果一等奖，肖文评的专著《白堠乡的故事——地域史脉络下的乡村建构》③ 获广东省哲学社会科学优秀成果二等奖，房学嘉的专著《粤东客家生态与民俗研究》④ 获广东省哲学社会科学优秀成果三等奖。深厚的研究成果积淀，为客家学学科建设奠定了坚实的理论基础。经过几代人的不懈努力，嘉应学院的客家研究已经具备了在国际学术圈交流的能力，这离不开多学科理论对话的实践和田野调查经验的积累。

客家学研究丛书的出版，既是客家研究在前述立足田野与理论对话

① 房学嘉：《客家源流探奥》，广州：广东高等教育出版社，1994 年。

② 邱国锋等：《兴宁市总体发展战略规划研究》，广州：广东教育出版社，2010 年。

③ 肖文评：《白堠乡的故事——地域史脉络下的乡村建构》，北京：生活 · 读书 · 新知三联书店，2011 年。

④ 房学嘉：《粤东客家生态与民俗研究》，广州：华南理工大学出版社，2009 年。

“俯仰之间”兼顾理论与实践的继续前行，也是嘉应学院客家学研究朝着国际化目标迈出的坚实步伐。“星星之火，可以燎原”，这套丛书包括学术研究专著、田调报告、教材、译著、资料整理等，体现了客家学学科建设的不同学术旨趣和理论关怀。古人云，“不积跬步，无以至千里；不积小流，无以成江海”，我们愿意从点滴做起。希望丛书的出版，能引起国内外客家学界对客家学学科体系建设的关注，促进客家学研究的科学化发展。

嘉应学院校长兼客家研究院院长　邱国锋教授、博士

于 2014 年 8 月 30 日

目　录
Contents

第一章　导　论

中国民间信仰历史悠久，源远流长。可以说，有人类伊始，即有之。考古发现，在旧石器时代就有宗教信仰的萌芽。如山顶洞人在死者周围撒上赤铁矿粉象征血液，这是原始社会人们灵魂不死的宗教信仰观念的表现。中国历史文献典籍中关于信仰民俗的记载内容丰富，浩如烟海。经过五千年中华文明历史的演进和文化的浸染，加之各种民间信仰在形成发展过程中与风俗、节日等文化载体的互动交流，民间信仰已经发展成为一纷繁复杂的庞大的文化体系。正如杨庆堃所言："在中国广袤的土地上，几乎每个角落都有寺院、祠堂、神坛和拜神的地方……表明宗教在中国社会强大的、无所不在的影响力，它们是一个社会现实的象征。"① 可见，民间信仰是中国传统文化的重要组成部分，是我们认识中华文化的重要切入口。

民间信仰问题从20世纪初开始就引起了学界的关注，并引起了广泛的讨论。对于民间信仰的界定和范畴，乌丙安认为，民间信仰是指普通民众的宗教观念、行为实践与宗教仪式。格如特主张，中国民间信仰（小传统）来自代表官方文化的文本传统（大传统）的民间化。② 古典宗教学研究者认为，由于民间信仰没有完整的经典教义，其仪式并不表现为教会的聚集性礼拜（congregations），其象征继承了许多远古的符号，所以不属于真正意义上的宗教，其主张是"多神信仰"、"万物有灵论"、"迷信"和"巫术"的总和，只能与"原始的文化"同列。此外，也有人认为，中国民间信仰文化构成一个"民间宗教"（popular/folk religion）体系。荷兰汉学家格如特根据其在福建地区的民间信仰田野调查材料写成的六卷本专著《中国宗教体系》，主张中国民间信仰体系是一种系统化的宗教。20世纪20—50年代，功能主义风行。由于格如特汉学和功能主义人类学的影响，

① 杨庆堃著，范丽珠等译：《中国社会中的宗教：宗教的现代社会功能及其历史因素之研究》，上海：上海人民出版社，2006年，第6页。

② 王铭铭：《社会人类学与中国研究》，北京：生活·读书·新知三联书店，1997年，第159～160页。

20 世纪 60 年代以后，社会文化人类学者几乎都同意把中国民间信仰和仪式看成一个完整的宗教体系。但是，在海外汉学家和历史学家那里，“中国民间宗教”这一词语被用于指非官方的新教派，以及制度化的传统宗教所衍生的民间散布形态。

总体而言，中国宗教文化体系可以划分为两个层次，即以儒、道、佛三教为主干的大传统和以信仰因素为主导的民间文化小传统。其中，民间宗教文化包括信仰体系、仪式体系和象征体系，影响着社会上大多数民众的思维方式、生产实践、社会关系和政治行为。

因此，我们可以认为，民间信仰是指民间社会所生成或传承的各种信仰与崇拜，民间信仰研究的范畴是民间社会所发生与传承的种种信仰，重点是民间社会生活中民众的信仰行为与精神世界。对于官方认定的民间信仰行为，可视为民间信仰的影响与延伸。上层社会信仰的首要目的是谋求上天神佑，是企求上天对其权力的认可；民间信仰的首要目的是祈福，是基于生产与生活需求的实际功效，诸如婚丧嫁娶、生老病死所需等。

中国大陆学者对民间信仰的学术研究始于 20 世纪初，当时源于批判的视角，民间信仰成为封建迷信的代名词，研究者带有较强的政治功利色彩。许多接受西方科学理性的新派人物把下层民众的迷信看作国家贫弱的根源，把普及教育、革除迷信作为启蒙的一大任务，其中的代表性成果是周寿昌发表的《论迷信》（《东方杂志》，1921 年第 18 卷第 4 期）。该文对迷信的界说、成因、要素都做了概括，他认为：“在当时，并无哲学上的根据，又与科学得来的结果冲突，像这种东西，都可以叫做迷信。”

“五四”新文化运动以后，本着批判封建迷信思想的目的，伴随中国新民俗运动的兴起，出现了一批具有开拓性意义的成果。例如，1922 年 2 月《东方杂志》第 19 卷第 3 期设立《迷信的研究》专栏，顾颉刚的《妙峰山》（1925 年），《民俗周刊》第 1 期钟敬文的《发刊词》（1928 年），江绍原的《发须爪——关于它们的迷信》（1928 年）等。此后由于历史原因，民间信仰研究在中国学术界一度沉寂。

直至 20 世纪 80 年代以后，伴随着传统文化研究的兴起，民间信仰研究重新进入学术殿堂，涌现出一大批研究成果。代表性的著述有马西沙等的《中国民间宗教史》（上海人民出版社，1992 年）；1989—1995 年书目文献出版社出版的《中国地方志民俗资料汇编》六本卷；1993 年段宝林等编撰的《中国民俗大全》（后改名为“中国民俗大典”）大型系列丛书；肖一平等编的《妈祖研究资料汇编》（福建人民出版社，1987 年）；林国平、彭文宇的《福建民间信仰》（福建人民出版社，1993 年）；邓启耀的

《中国巫蛊考察》（上海文艺出版社，1999年）；梁钊韬的《中国古代巫术——宗教的起源和发展》（中山大学出版社，1999年）；乌丙安的《中国民间信仰》（上海人民出版社，1996年）；陈支平的《福建宗教史》（福建教育出版社，1996年）；王铭铭、王斯福主编的《乡土社会的秩序、公正与权威》（中国政法大学出版社，1997年）；日本渡边欣雄的《汉族的民俗宗教——社会人类学的研究》（天津人民出版社，1998年）；美国韩森的《变迁之神——南宋时期的民间信仰》（浙江人民出版社，1999年）；赵世瑜的《狂欢与日常——明清以来的庙会与民间社会》（生活·读书·新知三联书店，2002年）；郑振满、陈春声的《民间信仰与社会空间》（福建人民出版社，2003年）；刘晓春的《仪式与象征的秩序》（商务印书馆，2003年），梁景之的《清代民间宗教与乡土社会》（社会科学文献出版社，2004年）；王守恩的《诸神与众生：清代、民国山西太谷的民间信仰与乡村社会》（中国社会科学出版社，2009年），等等。

代表性的学术论文有童恩正的《中国古代的巫》（《中国社会科学》，1995年第5期），阎云翔的《浅议龙的研究》（《民间文学论坛》，1988年第1期），陈春声的《正统性、地方化与文化的创制——潮州民间神信仰的象征与历史意义》（《史学月刊》，2001年第1期），郑振满的《神庙祭典与社区发展模式——莆田江口平原的例证》（《史林》，1995年第1期），刘铁梁、赵丙祥的《联村组织与社区仪式活动》（《乡土社会的秩序、公正与权威》，1997年），张祝平的《当代中国民间信仰的历史演变与依存逻辑》（《深圳大学学报》，2009年第6期），李秋香的《近30年来的汉代民间信仰研究》（《史学月刊》，2010年第3期），马新的《关于民间信仰史研究中的几个问题》（《民俗研究》，2010年第1期），范正义的《社会转型与民间信仰变迁——泉州个案研究》（《世界宗教研究》，2010年第1期），仇王军的《明清时期宁夏的民间信仰》（《宁夏社会科学》，2010年第1期），等等。研究者注重以代表性的信仰主体或区域性信仰为研究单位进行研究，以期揭示民间信仰对于认识中国传统文化和中国历史的文化意义。

台湾学术界关于民间信仰研究的代表性著述有刘枝万的《中国民间信仰论集》（“中央”研究院民族学研究所，1974年），李亦园的《信仰与文化》（巨流图书公司，1978年），郑志明的《中国社会与宗教》（台湾学生书局，1986年）和《台湾的鸾书》（正一善书出版社，1990年），董芳苑的《认识台湾民间信仰》（长春文化公司，1986年），蔡相辉的《台湾的王爷与妈祖》、《台湾的祠祀与宗教》（台原出版社，1989年），李丰楙、王秋桂的《中国民间信仰资料汇编》（台湾学生书局，1989 年）。重要的论文有李亦园的《台湾民俗信仰发展的趋势》（1982 年），吕理政的《宗教信仰与社会生活——谈台湾民间信仰的几个面目》（1991 年），林美容的《从祭祀圈看台湾民间信仰的社会面》（1991 年）。研究成果尤为注重人类学、社会学的研究面相，研究者力图从台湾地区民间信仰的实践经验来检视中国民间信仰研究的理论与方法。

概而言之，到目前为止，中国民间信仰的研究受到了学术界前所未有的重视，有成为显学的趋势。除了宗教学外，民俗学、人类学、历史学、社会学等学科的研究者们对民间信仰的兴趣与日俱增，民间信仰日益成为多学科交叉研究的一个焦点，其研究领域主要体现在三个方面：一是民间信仰与宗教的关系问题，即民间信仰是否自成一个完整的宗教体系；二是民间信仰的仪式实践与文化内涵；三是民间信仰在国家与社会发展过程中所扮演的角色。研究方法也从历史文献分析解读向文献分析与田野调查并重转变，“既强调将文献作为田野，以进入和解释当地人的信仰文化和信仰生活的真实的历史；也主张以田野作为文献，即通过观察、参与，适当地运用口述史方法，以探查地方信仰活动各种新的历史发展的可能性”①。在研究取向上，将民间信仰活动置于当下所在的时空语境中进行考察，关注民间信仰活动、地方社会结构的变迁以及文化网络的运作实践，力图把民间信仰作为理解乡村社会结构、地域支配关系和普通百姓生活的一种途径。正如郑振满、陈春声在《民间信仰与社会空间》一书的“导言”中所言：

“作为一种表达方式，民间的信仰和仪式常常相当稳定地保存着在其演变过程中所积淀的社会文化内容，更深刻地反映乡村社会的内在秩序”，民间信仰研究的价值，不仅在于可以通过这一研究去“认识潜伏于普通百姓日常行为之下的有关‘世界观’的看法”；而且这种研究“在揭示中国社会的内在秩序和运行‘法则’方面，具有独特的价值和意义”。

民间信仰是中国传统文化的重要组成部分，粤闽赣边客家地区作为中国传统文化的活化石——客家文化形成的核心地区，由于山区自然环境和社会历史因素的作用，可以说是中国民间信仰较为繁荣的地区。

自 1933 年罗香林的《客家研究导论》问世以来，客家民间信仰作为

① 陈进国：《中国民间宗教研究的学术转向》，《中国社会科学院院报》，2009 年 11 月 9 日。

客家传统文化的重要构成元素一直受到学界的重视。特别是 20 世纪 80 年代以来，随着历史学、民俗学、人类学、社会学等人文学科对客家文化的青睐，民间信仰作为客家传统文化的重要载体或曰“解剖对象”，成为人文社会科学所垂青的研究领域，成果迭出。其研究的方向也不再停留在 20 世纪 80 年代以前注重对客家民间信仰现象的描述及其成因的探讨分析层面，而是转向多学科多层次的研究态势。然而检视以往的研究成果，仍存在一定的不足。首先是追溯源流者多，缺乏整体性的研究及对发展趋势与规律的把握。其次是注重个案讨论，却存在就信仰论信仰的缺陷，没有将信仰与社会、文化、经济等有机联系起来，探究其背后的深层动因。再次，就研究方法与研究视角而言，长期以来有关客家民间信仰的研究比较侧重起源、内涵的平面描述与分析，而疏于“长时段”的历史背景下的纵深研究；比较注重单一学科，或是宗教学，或是社会学，或是人类学等领域的探讨，而疏于科际整合的综合研究方法；比较偏重单一研究对象，或是神明，或是村落的个性研究。最后，在研究目标上，学者多借助民间信仰来分析中国社会结构与文化形态，将民间信仰剥离于中国文化体系之外，使民间信仰的完整体系被肢解，导致研究结果的片面性。

有鉴于此，本书选择粤闽赣边客家地区作为研究对象，探讨客家地区在由传统向现代社会转型过程中民间信仰的社会变迁及其功能和意义的变化，以探寻其发展、演变的轨迹及社会意义。

客家文化作为宋明以来在南方粤闽赣山区形成的区域性文化，集中体现了中华文化的内核和精髓。就民间信仰而言，自宋明以来它就生动地呈现了不同时代的内涵和特点。本研究以粤东地区为中心，运用文献分析和田野调查相结合的研究方法，力图将客家民间信仰置于客家地区“长时段”的历史发展脉络中，以村落、代表性的信仰主体为研究单位，通过对区域内各具特色的不同民间信仰的主体进行深入的田野调查，从而获取民间信仰的“地方性知识”，然后将这些“地方性知识”置于粤闽赣客家社会发展的历史脉络中去分析，最终对民间宗教信仰的社会功能与演变路径提出一些学理性的思考，以期展现客家民间信仰于客家人的生存、发展之功能、意义，以及粤东客家地域社会形成、发展的内在机制。

宋元时期是客家社会的形成时期，民间信仰活动对于客家聚落的形成、族群社会的建构具有重要意义。在这一时期，民间信仰是客家族群日常生活的重要组成部分，乡村庙宇成为民间处理地方事务的行政机构，成为国家权力向基层社会渗透的窗口。同时，民间信仰体现出的象征与权威，一方面，有助于客家社会宗族聚居地的形成，这也成为客家地区宗族界限分明的一个因素；另一方面，透过民间信仰活动，我们可以发现不同社区内的族群之间的对立统一性，这种对立统一性使得客家传统社会维持着一种“有序的无序”状态，推动了客家社会的进步，成为客家传统社会发展的原动力。梅县松源镇龙源公王信仰就鲜明地反映了传统社会民间信仰对于地方族群的生存发展的文化社会意义：一方面，乡村社会的各个强势族群通过各种运作方式，争取赢得乡村社会的主导权，推动区内各个宗族发展前进；另一方面，乡村内的各个族群又通过特定的方式，利用神明崇拜活动，结成各种形式的“联盟”，如伯公会、梅溪公王会、龙源公王会、弥陀会、普祀会等，在有限的范围内维持着社区的稳定与和平，形成推动社区曲折前进的社会发展原动力。

风水是客家民间信仰范畴中不可或缺的话题，也是华南地区地域文化的重要组成部分。通过对客家地区二次葬习俗的民间传说和风水的解释，可以深化对客家民俗文化的理解和认识，厘清华南地域社会的建构历程。

明代以来的祖先崇拜活动则打上了王朝礼制地方实践的烙印，对于乡村秩序的建立和维护具有重要作用，是国家意识地方化的充分体现。粤东大埔县蓝氏宗族自明代嘉靖年间开放民间祭祀后，蓝氏宗族中各支派纷纷建立自己的祖祠，祭祀自己房派的祖先。随着蓝姓各房祖祠的设立与宗族源流谱系的构建，蓝姓建立了大宗祠，制定了秋尝冬蒸的祭祖制度，完成了宗族的制度化建构。这一个案无疑为明代宗族制度的设立在华南地区的实践提供了一个完整的注脚。从中可以看到明清以来华南客家宗族建构的历史脉络与内涵，即一个地方族群如何在国家的制度空间通过一系列的文化创造和文化经营来实现族群的整合与发展，这个整合与发展的过程同时也是明代嘉靖以来地方族群宗族化实践的内容、策略与模式。

一般认为，神明之所以被信众虔诚供奉、顶礼膜拜，就是因为神明在信众心目中具有无所不能的社会功能，能够满足人们有求必应的心理需求。因此，即使各种神明的“法力”、“灵性”相近，但因为地域的关系和信众的认知差异，以及出于各种现实需要，在实际的信仰实践过程中人们仍会进行“选择性”崇祀。因此，中国的民间信仰是一种“泛神崇拜”，具有很强的功利性。

天后信仰是中国东南沿海地区最为发达的民间信仰。粤东天后信仰研究通过对梅州客家地区水口天后宫、滨水（河）天后宫、街市天后宫的信仰文化内涵的阐述和社会功能的分析，反映了明清以来梅州客家地区从传统乡民社会到农业社会，再逐步向近代商业社会、侨乡社会转型的历史过程中对神明信仰的价值取向。

明清时期（特别是清末），客家地区临海的区位优势，使之较早受到了西方欧美文化的影响和近代资本主义的冲击，因此该地区民间信仰的内容、形式又在一定程度上体现了中西文化融合的趋向。樟村研究为我们展现了一个半世纪以来基督教在中国南方山区发展的历史脉络。在这个过程中我们可以发现，基督教在中国的传播与发展不仅仅是为了融合中国人的自身信仰，满足信众现实利益的需要，还是为了寻求基督教在自身的发展过程中与中国传统的民间宗教信仰等本土文化的契合点，不断实践着从冲突走向融合，最终实现基督教文化的自身变迁。该研究为我们重新认识近代以来中西方文化互动与交流提供了一个典型的例证。

1949 年以后，由于国家贯彻宗教信仰自由政策，民间信仰基本延续了以前的传统，但是 1957 年以后，特别是“文化大革命”期间，民间信仰作为宗教迷信被全盘打倒而归于“沉寂”状态，乡民不能举行包括拜祖先、乡土神的祭祀活动，从而在一定程度上破坏了国人几千年的乡土情结和文化生活，特别是割裂了外迁者与家乡的联系纽带。对于海外移居者而言，此举削弱了其对故土家园的认同。20 世纪 80 年代以来，一方面随着地方经济的发展、传统文化的复兴以及国家新时期民族宗教政策的与时俱进和繁荣社会主义文化的需要，民间宗教信仰充分焕发出勃勃生机；另一方面海外华人通过捐祖祠、修庙宇表达对家、国的认同与回归，可以说民间宗教信仰在发展两岸关系、增进海外华人对中华民族的认同等方面发挥了不可替代的作用。

本书为广东省普通高校人文社科重点研究基地重大项目“社会转型中的客家民间信仰研究：以粤闽赣边客家地区为重点研究”的研究成果。其主要内容是对课题组已有的研究成果进行归纳整理，最终形成对不同历史时期客家民间信仰的表现及其与客家族群的内在关系的总体把握。各个篇章的内容可以反映出公王崇拜、祖先崇拜、风水信仰、天后信仰等自宋明以来不同历史时期在建构客家社会中所发挥的文化社会功能；基督教在粤东地区的传播和发展揭示了近代社会转型过程中东西方文化的冲突与融合；作为“客家人的守护神”的三山国王信仰则凸显了传统文化在海外传播过程中的功能和在当今社会交流互动中的文化意义。

第二章　客家民间信仰的形成及其仪式

客家地区民间信仰种类繁多，仪式纷繁复杂。客家地区俗语云："举头三尺有神明。"举凡山川、河流、古树、奇石、精灵古怪、先圣、贤达等都成为人们的崇信对象，并且围绕着各种膜拜对象，本着各种现实需求产生了形式各异、文化内涵深邃复杂的各种信仰仪式。通过对民间信仰这一文化现象进行分析研究，我们可以从文化层面上了解传统社会客家人的日常生活、精神世界和思想观念。

一、粤闽赣边客家地区宗教信仰概说

粤闽赣边客家地区宗教信仰的对象范围极其广泛。既有日月、风雨、雷电、山川、树木等自然神，也有玉皇大帝、王母娘娘、天兵天将、八仙等人格神；既有以祖先崇拜为代表的血缘性神明，也有以圣贤、英雄为代表的伦理政治神，还有社官、公王等大大小小等级不一的区域性社区保护神。

如果对这些既繁多又复杂的宗教信仰进行分类，大致可分为正规宗教信仰和民间各种神明信仰两类。

（一）正规宗教信仰

以梅州地区而言，客家人除了不信奉伊斯兰教外，佛教、道教、基督教都有人信奉。

1. 佛教信仰

佛教传入梅州后，最早是正光三年（522）在梅县城西创立了大觉寺。唐宪宗元和十四年（819），和尚至性禅师在大埔传教，在英雅坑屋用石头建了一栋房子，名为"万福禅室"（1460年改建为万福寺）。唐文宗开成二年（837），福建沙县僧人潘了拳（即惭愧祖师）到今梅县雁洋阴那山结茅为寺，861年改建为圣寿寺，1385年扩建为灵光寺，此后梅州各地佛教盛行，寺庙林立。大埔自万福禅室始，直至民国三十二年（1943），全县有寺庙庵堂153所。梅县自圣寿寺始，到民国二十九年（1940），全县有大小寺庙300余所。蕉岭自明永乐年间在文福建缘广堂始，到道光年间有50多所寺庙。兴宁自北宋嘉祐二年（1057）在神光山建南山寿庆寺始，至清末有100余所寺庙。丰顺寺庙多建于元、明、清时期，著名的有太平寺等。

在众多寺庙庵堂中，万福寺、神光寺、太平寺都极具代表性，其中最负盛名的是阴那山灵光寺。其奇特之处有三：一是正殿，殿顶是螺旋形藻井，又称菠萝顶，是罕见的具有高科技的建筑。二是寺前的两株古柏树，传说是潘了拳亲手种植，一株活着，一株枯死，俗称“生死树”。据《阴那山志》记载，古柏原长得很好，顺治元年（1644）因遭雷击死了一株，乡人认为“两株两手植，生死不分离”，故而称为“生死树”，至今不倒。三是寺后的圣寿寺（又俗紫殿），据说明朝灭亡之时，崇祯皇帝的太子被曾任东宫侍讲的梅县松口人李士淳（二何）带着南逃广东，躲进此处削发为僧，在此居住。当然，在客家地区最著名的佛寺，要算韶关马坝的曹溪南华禅寺，它是禅宗六祖慧能开创禅宗南方教派的“祖庭”，创立于南朝梁天监三年（504），原名宝林寺，唐初禅宗六祖慧能来寺住持达30余年，宋初太平兴国六年（981）由皇帝改名南华禅寺后一直沿袭至今，南方佛教很多教派都源于此。

2. 道教信仰

道教为中国的本土宗教。正统道教一般被认为是东汉桓帝时张道陵创立的天师道（又称正一道、正乙道），奉老子为教主，以《道德经》为主要经典。天师道于乾隆年间传入梅州，梅州的东厢有赞化宫，奉祀“吕祖”，又称吕祖庙。吕祖即吕洞宾（纯阳），传说他得道前以卖药行医为生，被后人尊为“吕帝”，那些游方郎中尊吕为鼻祖、祖师，故有吕祖、纯阳祖师之称。吕帝坛设有灵药签筒，而且有内、外、眼科之分，有什么病就求什么签，求签后对号取签片（即药方），拣药治病，传说“相当灵验”，故求拜者很多，吕帝坛香火极盛。

吕祖庙在梅州很多地方都有分布，每逢初一、十五信徒们都要到庙坛参拜唱经。信奉者被称为“吕门”，他们主要举办慈善施舍等公益活动。吕祖同门出南洋者不少，特别是泰国很有名气的赞化宫，就是从梅州传去的。新中国成立后，吕门道教曾一度被禁止，近十多年来又恢复了活动，由华侨中的吕门弟子捐资在梅州东厢赤岌岗重建了吕祖庙，香火旺盛。

在客家地区还有一派道教，是真正的土生土长的民间道教。道士俗称“觋公”，即替人向鬼神祷告的男巫师，也就是巫公，主要从事驱邪捉鬼、安龙转火、打醮等活动，俗称“做觋”。在做觋时，由觋公、觋婆（无女道士，由男道士装扮）念经作法，其项目有迎神、上表、化表、落马、招将、办军粮等，并进行跳杯花、舞扇花、打棍花等活动，一边唱歌一边跳舞，甚至上刀山、过火坑、下油锅等。民间一般在做屋、修屋（主要是祖公屋）进行安龙、转火时，或打醮超度孤魂野鬼时，请觋公来做觋，目的是出煞驱邪。

3. 基督教信仰

基督教尊奉耶稣为救世主，分为很多派系，包括罗马公教（在中国亦称天主教）、正教、新教（基督教、耶稣教）三大派别和其他小派别。基督教最早传入客家地区是1850年张复兴在五华大田樟村传播，1858年法国神父在兴宁赤砂岭建立第一家天主教堂，后不断增多，1926年成立天主教嘉应教区，管辖今天梅州所属七县及龙川、和平、连平十县的教会，至1949年，梅州地区有外籍神父、修女29人，中国籍22人，教堂29间，祈祷公所20多所，教徒1.57万余人。基督教先后创办的教会学校有广益中学、广益女中、乐育中学、乐育小学，教会医院有德济医院（即现黄塘医院前身）。20世纪80年代以来，由于政府落实宗教信仰自由政策，发还宗教团体房产，恢复宗教活动，加之港澳台同胞、海外华侨及部分教会的捐助，梅州地区基督教活动恢复得比较快。1983年，兴宁、五华、梅县等先后召开基督教代表会议，选举产生了“三自”爱国会和基督教协会。基督教“两会”不断发展与德国、瑞士、瑞典、美国以及东南亚各国基督教的友好关系。至1990年，梅州市共有基督教堂78间，教徒人数约2.8万人。

（二）民间各种神明信仰

1. 自然神崇拜

（1）太阳。在客家地区流行太阳生日之说。在梅县，太阳生日为三月十九日，届时人们顶礼膜拜，有“太阳三月十九日生，家家户户点红灯”之说。有的地区还建“太阳宫”，供奉祭祀。

（2）月亮。月亮多为妇女崇拜的对象，客家地区妇女在八月半会“拜月”，即祭月之举。

（3）星辰。在客家地区，妇女在七月七日（即“七夕”）晚，有“乞巧”、“做七姊”等与织女星信仰有关的各种习俗。

（4）风、雨、雷。据乾隆《嘉应州志·建置部》卷2载：“山川坛，内祀风云雷雨之神。”

（5）土地。土地神，在客家地区被称为“土地伯公”。我国古代有

“社神”，与此相适应，客家地区则有“社官”之名。人们对土地的信仰，总是与农作物收成的丰歉联系在一起的。

（6）火。在客家地区，除建“火神庙”外，家家户户均设“灶君”供奉。

（7）水。客家地区的水信仰表现有三：一是对“龙”的尊崇，客家人认为龙居深潭，故各地多建“龙王庙”、“龙母祠”、“水府宫”等。二是在河溪、池塘旁建司水的“伯公”神坛。三是流行“水鬼”传说，在客家人的心目中，“水鬼”是一种可怕的厉鬼。

客家地区最具特色的自然神崇拜主要有植物崇拜和石头崇拜。客家人相信万物有灵，由此产生特殊的植物崇拜。比较容易成为客家人崇拜的植物的主要有：一是特殊地方的树木，比如神庙、围龙屋和祠堂后面的“风水林”。客家人认为，这些地方生长的树木对于周围的信众或整个宗族具有佑助的功能，因而无人敢去砍伐破坏，久而久之逐具灵性，为人所崇信。二是一些特殊的树种，主要有榕树、松树、柏树，这些树木四季常青，生命力旺盛，也常常为人所崇拜，俗称为榕树伯公、松树伯公、柏树伯公。

石头崇拜是汉族中广为流传的一种古老的巫术手段，即所谓“石敢当”崇拜。在客家地区的屋后巷口，常有一块石头，其上刻“石敢当”或“泰山石”字样，意在用巨石镇鬼压灾，以保佑人间安康。在梅县松源民间非常盛行石头崇拜，在路头路尾、桥头树下人们喜欢立一块大石头作为伯公进行祭拜。而在梅州兴宁则流行石古大王这种特殊的石头崇拜。

关于石古大王崇拜的来历有二。在远古时代，神光山山麓一带，原是荒凉旷野，遍地荆棘草莱，人烟稀少。神光山上的野兽，常下到村庄觅食，甚至咬伤小孩，弄得居民不得安宁。村里有个十二三岁的男孩，名叫护国，他看到这种情况后很想为群众消除这一祸害。于是，他想出掷石子这一艺。由于经常练习掷石子的功夫，护国把石子掷得又远又准确，掷的石子重量也从半斤逐渐增加到五斤。护国邻家有个大叔，名叫百强，是个武艺高强的人，护国在练习掷石子的同时，也请百强教他枪、刀、拳、棍等武艺。后来护国又邀约和自己同辈的男孩一同练习。有一天，忽闻不远的地方有人大声叫喊：“狼来了!”他向远处一望，看见一个人牵着一头牛乱跑，边跑边叫。护国知道又有野兽来了，随即带上一把尖刀和几块石头，喝声打野兽去。平日跟他一同练掷石子的三个同伴也随后跟来。那只饿狼拼命追着那头牛。护国赶到，立刻将石头掷向狼，石头落处正是狼的脑袋，狼叫了一声就倒下了。后面的同伴赶到后，也将一个个石头打去，正对狼的胸、腹，这时狼就不能动弹了。

距神光山只三里许的黄畿塘，是个长年浸水的低洼涝地，四面都淹浸在水里。有些水面突起的小山，好像岛屿一样。有一年黄畿塘的小山上来了一只老虎，附近人家都很害怕，白天都闭门不出。为除老虎，护国邀约了十多个人，个个都是掷石头的能手，携带石头、刀、枪，用三条竹排载着，向小山进发。竹排驶近小山准备登岸时，突然小山上的芦苇丛中一只老虎“嗖”的一声奔出，随即跃上一条竹排，那竹排随即翻覆，老虎和人都跌落水里。老虎泅着水复上小山。这时，另两条竹排上的人已经登上了小山，当他们看见老虎复跃上小山时，即把石头向着老虎齐投。石不虚发，所有石头都命中虎身。有的打在虎的前脚，有的打在虎的后脚，有的打在虎的脑袋，有的打在虎的腹部。老虎的四只脚都受了伤，已不能行走。落水的人也登上小山，加入战斗，把老虎打死。护国为了保卫家乡人民不受野兽的侵袭，为了使家乡人民的生活更加安定，他把掷石头这种武艺学得越来越高强，消灭野兽的成绩也越来越大，各处闻风而来求教的人也越来越多。野兽渐渐少了，护国又带领一伙人上山打猎。从此地方日益安宁，人民生活日益安定。

护国死后，当地人为了纪念他的功劳，在神光山上设坛奉祀，称他为石古大王。南越王赵佗，为了表彰护国的功绩，敕封他为“护国石大王”。上述传说，认为石古大王是古代英雄人物。但还有另一传说，认为石古大王就是石头，只因自古以来香火旺盛，累显“灵验”，所以尊为神灵予以祭拜。

2. 伯公信仰

伯公信仰是客家地区最为普遍的民间信仰。客家地区一般称“土地公”为“伯公”或“福德正神”，台湾客家地区民间也有称“福神”、“伯公”、“大伯爷”、“大伯公”、“后土”、“福德爷”，或简称“土地”者，“其中以‘福德正神’、‘福德爷’的称呼较为尊，并以‘福德庙’或‘福德祠’通称土地祠，属于自然地祇的崇拜，为台湾地区普遍信仰的乡土神祇”①。

在粤东地区传统农业社会里，农耕及牲畜饲养为人们最重要的经济来源，支撑着整个家庭绝大部分的生活所需和日常开销。正因如此，客家人基于“靠天吃饭”的朴素思维，对于掌管土地、保护农业的“伯公”，有着一份浓厚的特殊感情。在这种重视农事及畜养的时代背景下，富有乡土性格的伯公成为农业社会中普遍的信仰对象及心灵寄托，伯公不仅成为人们的守护神，也成为牲畜的保护神。人们通过平时与年节虔诚的祭拜，一方面祈求获得伯公的庇佑福荫，另一方面也希望借此在农事上能够五谷丰

① 吴兆玉、彭宏源主编：《寻找先民的守护神》，苗栗：苗栗县文化局，2006 年，第 1 页。

登、六畜兴旺。在梅州城乡，伯公坛因设立位置不同，称呼不一，大多以所处地域命名，如河唇伯公、塘唇伯公、井头伯公、陂头伯公、桥伯公、路伯公、土地伯公等。

"田头田尾土地公"，"庄头庄尾土地公"，这两句耳熟能详的台湾俗谚，道出了台湾民间土地公信仰的普及与兴盛。王健旺在《台湾的土地公》一书中提到，台湾的伯公除了具有农业神的形象以外，可依据神职的不同，将民间的伯公信仰区分成村落守护神、家宅守护神、农业神、财神、坟墓守护神、水源守护神、山神、职业守护神、建筑业守护神、户政神、开路神、社会杂务神十二种属性。① 在台湾民间信仰当中，伯公可说是信众最多的神祇，无论士、农、工、商，各界都供奉祭拜，每月初一、十五，或初二、十六，农事、工程起工及竣工、岁时节令时，信众都会准备鲜花素果、牲礼祭品、香烛纸钱，进行祭祀。②

3. 三山国王信仰

三山国王是粤东地区古老而有影响力的地方神祇，其信仰有着悠久的历史。一般认为，这一原始信仰源于潮州府揭阳县霖田都（今揭西河婆）。

明清以来，三山国王信仰逐渐形成了以揭阳为中心的祭祀圈，辐射整个潮州地区。后来随着行政区域的不断分化组合，三山国王信仰也就分布在潮、嘉各地。

表 2-1 粤东地区三山国王宫、庙数

府	县别	数量
潮州府	揭阳	6
	饶平	1
	大埔	8
	潮阳	1
	海阳	3
	惠来	3
	普宁	7
	丰顺	2
	澄海	11

① 王健旺：《台湾的土地公》，台北：远足文化，2003 年，第 32～39 页。

② 吴兆玉、彭宏源主编：《寻找先民的守护神》，苗栗：苗栗县文化局，2006 年，第 1 页。

（续上表）

府	县别	数量
嘉应州	程乡（今梅州）	19
惠州府	陆丰	2

资料来源：黄子尧编著：《台湾客家与三山国王信仰：族群、历史与民俗文化变迁》，台北：爱华出版社，2005 年，第 59 页。

明末清初之际，随着粤东地区客家人大规模迁移台湾，三山国王信仰也从粤东各地传入台湾，成为台湾客家地区流传广泛、特点鲜明、具有较强影响力的民间信仰之一。据台湾“民政厅”1987 年的统计，全台 22 个县市中的 18 个县市，立案在册的三山国王庙共有 145 座，“民间一说有 260 多座，加上未办立案注册的为数更多了”①。可以说，在台湾，三山国王神明得到了更广泛的崇拜。在台湾，一些三山国王宫、庙内有刻有粤东先民携带三山国王之香火来此开基的事迹的石碑。如云林县大埤乡三仙亭碑文记载：

康熙年间，有一位广东人，由大陆来本境居住。携带三山国王香火，镇宅祀……至嘉庆十四年，由本地善信张元国、张元基两兄弟，发起五十三庄民醵金八千五百元，鸠工兴建庙宇，并向大陆广东省惠州府陆丰县，雕塑三山国王金身，迎回奉祀于此。②

随后，通过台湾岛内的二次移民，台湾各地的三山国王庙又进行分香活动。如从彰化荷婆仑霖肇宫分香，建立了霖兴宫、霖肇宫、沛霖宫、霖凤宫，接着这四宫又各自分出了自己的子庙。分香或分身使得三山国王庙逐渐蔓延开来。当然，这种分香或分身是存在一定原因的，也可以说三山国王在台湾的兴盛是有一定缘由的。在台湾各地三山国王宫、庙中，三山国王之香火最早传入台湾彰化县的霖肇宫。“霖肇”即霖田祖庙在此开基之意。相传万历十四年（1586）广东揭阳县马义雄、周榆森二人带着故乡河婆圩霖田祖庙三山国王香火去台湾做茯实生意，从鹿港登陆，东行抵达现庙址小仑附近，因念故乡“河婆”，加之附近有湖泊产莲荷，故命名为“荷婆仑”。两人离去时将身上携带的香火遗留在荷婆仑的树枝上，因时现

① 贝闻喜：《潮汕三山国王崇拜》，广州：广东人民出版社，2007 年，第 56 页。
② 刘还月：《台湾的客家人》，台北：常民文化事业股份有限公司，2000 年，第 203 页。

豪光，怕被人发现而建草寮奉祀。嗣后打开香火，里面写着“敕封三山国王神位开基祖牌老爷”，遂即雕刻三山国•王神位，此为渡台的首尊三山国王神像。据陈春声研究，万历年间此地应无建庙之可能。尽管这个传说包含了许多虚构的成分，但台湾三山国王信徒对此还是深信不疑。

表 2－2　三山国王庙与客家人聚居地的关系

县市	客家乡镇			混合乡镇			非客家乡镇			山地乡	小计		
	乡镇总数	有庙的乡镇总数	庙总数	乡镇总数	有庙的乡镇总数	庙总数	乡镇总数	有庙的乡镇总数	庙总数		乡镇总数	有庙的乡镇总数	庙总数
台北县							31	2	2	1	32	2	2
宜兰县				1	1	12	9	6	20	2	12	7	32
桃园县	6						6			1	13		
新竹县	10	10	17	1			2			2	15	10	17
苗栗县	13	3	4	4						1	18	3	4
台中县	4	2	8	4	1	4	13	3	2		21	6	14
彰化县				8	7	14	18	5	8		26	12	22
南投县				3	1	1	8	2	3	2	13	3	4
云林县				1			19	8	10		20	8	10
嘉义县				3	2	2	15	4	11	1	19	6	13
台南县							31	1	1		31	1	1
高雄县	1	1	2	4	2	4	20	4	5	3	28	7	11
屏东县	7	7	19	11	7	10	7	3	3	8	33	17	32
台东县				16	1	1					16	1	1
花莲县				13	1	1					13	1	1
基隆市							7				7		
台中市				1			7				8		
台南市							7	1	1		7	1	1

资料来源：陈春声：《三山国王与台湾移民社会》，“中央”研究院民族学研究所编：《“中央”研究院民族学研究所集刊》（第 80 期），台北：“中央”研究院民族学研究所，1995 年，第 109 页。

从表 2 – 2 可以看出，在台湾地区 41 个客家乡镇中，有庙的乡镇总数 23 个，庙 50 座，庙数与乡镇总数之比为 122%；有庙的乡镇总数与乡镇总数之比约为 56%。在 200 个非客家乡镇中，有庙的乡镇总数 39 个，庙 66 座，庙数与乡镇总数之比为 33%；有庙的乡镇总数与乡镇总数之比为 19.5%。在 70 个混合乡镇中，有庙的乡镇总数 23 个，庙 49 座，庙数与乡镇总数之比为 70%；有庙的乡镇总数与乡镇总数之比约为 33%。如此高的比例，说明三山国王在客家乡镇的民间信仰中占主体地位。

4. 惭愧祖师信仰

惭愧祖师是粤东客家地区香火最为旺盛的乡土神，粤东地区所有的寺庙都供奉有惭愧祖师，并且乡村俗民的日常生活都与惭愧祖师信仰有密切关系。

惭愧祖师，俗名潘了拳，福建沙县人，为梅县圣寿寺（灵光寺）创始者，生于唐宪宗元和十二年（817），17 岁出家，20 岁来到梅县阴那山五指峰下，结茅修道，自号惭愧。圆寂后，人们以檀香木雕其法像，作为纪念，称“惭愧祖师”。

相传潘了拳出世时，左手抱拳不张，其父取名为“拳”。三日后，适有一僧人过其家门，其父抱拳示僧，拳啼哭不停，十分可怜。僧人细细审视之后，连声念“阿弥陀佛”，取笔在拳手背书一“了”字，拳即张开，遂又取名“了拳”。

潘了拳出生后，不幸父母早亡，由其叔父代为抚养。17 岁时出家为僧，离开福建，来到广东省大埔县，潘了拳为修行寻访附近名山胜迹。一日，他登上芒洲山极顶，西望梅县阴那山五指峰，有如拳伸五指，直插云端，观彼处森林茂密，千峰环绕，碧水萦回，便决心到五指峰下结茅修行。不料天机泄露，结茅未成。于是便转到五指峰西麓，此乃左有香炉峰、右有白虎山的桃源洞口，即现在的灵光寺所在地，开设道场，起名圣寿寺，后至明洪武十八年（1385），梅鼎御史捐金扩寺，易名灵光寺。

潘了拳在灵光寺修行 20 余年，为当地人民祈福禳灾，功德无量。但他感到自己不能弘扬佛法，自度度人，心中实为内疚，自号“惭愧”。49 岁坐化之时，遗下一偈云：“四十九年，无系无牵。今朝撒手归空去，万里云开月在天。”他圆寂后，人们尊称其为“惭愧祖师”。

梅州灵光寺与韶关南华寺、广州光孝寺、肇庆鼎湖山庆云寺、潮州开元寺合称为“广东五大名寺”，自古香火旺盛，是粤东北地区众多香客的心灵朝圣之地。随着粤东地区客家人的大规模迁台，惭愧祖师信仰也传播到台湾地区。

在台湾，惭愧祖师为台湾道教及民间信仰的神明之一，又称“惭愧祖师公”或“荫林山祖师”。台湾祭祀惭愧祖师始于17世纪郑成功时代，此时因台湾民众深信“生蕃出草”，期间，惭愧祖师会托梦提示，因此深受汉人及平埔族膜拜。据台湾师范大学王志文和淡江大学黄如辉的调查，现在台湾主祀惭愧祖师的庙宇仍有18座，旁祀者亦众。另外，根据王志文和黄如辉的调查，经过时代的更迭，现在的台湾地区，惭愧祖师信仰主要分布在河洛语优势分布的地区，主要在南投县的草屯、中寮、竹山、鹿谷、埔里一带，而在客家人聚居的桃园、新竹、苗栗和南部“六堆”地区却鲜有分布。

5. 定光古佛信仰

元代以前，有文献记载的奉祀定光古佛的寺庙不多，而且主要分布在福建、江西和广东三省交界处。明清以后，奉祀定光古佛的寺庙剧增，分布也较广。黎愧曾在《重修梁野山定光禅院题辞》中写道：“佛氏之盛，精蓝绀宇遍海内，而汀之禅院独称定光，定光禅院于临安、于泉南、于江右无弗有，而汀为最著。”

定光古佛，又称定光佛、定公佛，俗姓郑，名自严，泉州同安人。传说中的定光古佛具有除旱排涝、驱蛇伏虎、送子保民，以及惩恶扬善、捍患御灾等职司和功能，是闽西客家人最崇拜的民间神明。

梅州蕉岭县与定光古佛信仰中心武平县毗邻，因而定光古佛信仰在粤东地区也有一定的影响。至今，在梅县东厢有两座保存完好的宋代古墓，一座为“杨氏始祖墓”，另一座即为“定光古佛玉甲墓”。传说当年杨姓祖宗客死福建武平，后由定光古佛护送到梅州安葬，并撕指甲一片留下，杨姓子孙为纪念定光古佛，遂在杨墓右侧建“定光古佛玉甲墓”。

定光古佛在世时，民间就流传着许多有关他的神话传说。相传，定光古佛曾使广东梅州溪流改道，又曾于汀江河道上施术尽除槎桩。《临汀志》记：定光古佛“经梅州黄杨峡，渴而谒水，人曰：‘微之’，师微笑，以杖遥指，溪流源涸，徙流于数里外，今号‘干溪’”；又记：“泛舟而往，江有槎桩害人船，师手抚之曰：‘去，去，莫为害！’当夕无雨，水暴涨，随流而逝”；又记：“祥符初，有僧自南海郡来，告曰：‘今欲造砖塔，将求巨船载砖瓦。惠州河源县沙洲有船插沙岸，无能取者，愿师方便。’师曰：‘此船已属阴府。’僧复致恳，师乃书偈与僧，僧持往船所，船应于拔。”

伴随着闽西客家人迁台，定光古佛信仰也传播到台湾。在台湾，主祀定光古佛的庙宇较多，最有名的两座分别是台北县淡水镇鄞山寺和彰化县定光佛庙。彰化县的定光佛庙，又称汀州会馆，乾隆二十六年（1761）由永定县人士、九路总兵张世英等倡建，道光十年（1830）贡生吕彰定等捐修，道光二十八年（1848），因受地震灾害，张连喜等又筹资修复。淡水的鄞山寺，也叫汀州会馆，位于淡水镇淡街芋攀林家庄，为闽西永定县移民罗可斌、罗可章兄弟首倡，闽西客家八县移民共同捐资修建。

6. 祖先崇拜

祖先崇拜是客家地区较具特色的民间信仰活动。客家祖先崇拜的对象主要有两类：一是指狭义的祖先，即与本宗族有血缘关系的直系祖先；二是广义的祖先。有些姓氏的祖先，由于在宗族发展历史或地域社会中的特殊贡献，被后人作为神明来顶礼膜拜。

客家作为汉民族的一个族群，深受儒家文化的浸染，恪守慎终追远的信条，对自己的列祖列宗一生都怀有崇拜敬畏之情，每个宗族都建有供奉祖宗神位的祠堂，供族人祭拜。并且每个姓氏都有自己的堂联堂号，以教育祖孙后代不要数典忘祖。在每年的春、秋两季，各个姓氏都要到墓地和祠堂举行大型的集体性祭祀活动。

客家地区常常把祖先神明化，有的专门立庙，有的则作为其他主神的陪神加以祭祀、崇拜。如梅州五华的“法青公庙”，主神张法青，生前曾因与三山国王斗法而被当地人奉为英雄，死后为他专门建庙，被后人神化为地方上的保护神加以崇拜，不仅张姓信奉，附近其他姓的人也信奉。再如香港新界的“英雄祠”、“英勇祠”，台湾的“义民庙”、“褒忠祠”等，祭拜的都是为当地做出贡献而被神化的历代祖先。

闽西珨瑚公王信仰就是典型的祖先崇拜。珨瑚庙位于连城县朋口镇马埔村，建于明英宗正统年间（1436—1449），占地700余平方米，属斗拱梁结构，飞檐翘角，雄壮肃穆，是目前连城县保护得比较完整的古庙。该庙是后人为纪念“公太”王审知而兴建的，后发展为王审知居住地。

珨瑚公王，又称珨瑚侯王，即五代十国时建立闽国的王审知，王审知仁政建国，常骑白马，故长汀人称之为白马公王。他治闽的29年间，实行保境安民、发展生产的政策，使人民安居乐业，经济和文化都有很大发展。当地人神化其为“蛤蚧”投胎，故名珨瑚侯王。有感于王审知对当地民众的恩泽，当地人将珨瑚公王尊称为“公太”，而“公太”一词在闽西客家地区即为祖先之意，因此，十三坊轮流奉祀珨瑚公王又被通称为“迎公太”。“迎公太”的活动每个区域集体举办一年，以十三年为一个轮回，举办的十三个区域集体亦有“河源十三坊”之称。从明代中叶起，便有了十三坊轮流祭祀珨瑚侯王的活动了。十三坊中最早参加轮流祭祀珨瑚公王的姓氏，据说都是王审知当年从河南固始带来的姓氏，所以有福建人的祖先在河南一说。

每年二月初一，公太“金身”在经历了一年的外在祭祀后，回归居里玲瑚庙居住两天，称为“入庙”。二月初二让十三坊和邻近乡村的人去顶礼膜拜，而后在二月初三再被下一轮的集体（河源十三坊之一）承接出去进入下一轮的祭祀，乃称“进公太”（又称“入公太”、“出庙”）。

在将公太迎进村落后，就轮到每家每户单独承奉公太了。届时，每个轮到祭祀的村落将村落具体人口（户数）的情况进行统计，然后给每家分配一个承奉的天数，小的村落也许是一户人家承奉数日，而大的村落则可能是数户人家承奉一日。承奉的顺序由抽签决定。承奉的日子需供奉公太及广泛宴请自家亲朋好友。

7. 公王崇拜

公王是粤东、粤北、闽西客家地区非常普遍也是非常受崇拜的神明，被奉为保护一方的守护神，其名称多种多样，职能也多种多样，如把守村口的称水口公王，把保护客家人狩猎的称狩猎公王等，有代表性的公王信仰如下。

（1）三将公王。据同睦村《钟氏族谱》记载：钟全慕率军入汀后，成为钟氏接公支系入闽始祖。唐昭宗年间，全慕时为刺史。在汀期间，率领军民披荆斩棘，开垦农田，兴修水利，修建州城，功勋卓著。其后，闽王王审知喜全慕骁勇有谋略，分汀使世守之。钟全慕在位期间，有陈、云、傅三位部将英勇善战，忠心耿耿，一生助其保境安民，共创大业。后奉闽王之命，三位将军出征琉球，为国捐躯，全慕痛心疾首。为纪念亲如家人的三位将军，钟全慕在家特设三位将军神位，雕塑神像供家人世代奉祀。钟翱继任祖父汀州刺史职位后，为避战乱，毅然决定辞仕隐匿，并于926年，带领家小及三将公王神位沿江而下，隐居同睦深山。同时，在村中始建三将公王庙，并立下规定：每年四月初十至十二为全村三将公王纪念日。时至今日，香火不断。

（2）梅溪公王。梅溪公王又称梅溪圣王，梅州客家人大多对其顶礼膜拜。每逢节日，众多善男信女都会到寺庙祈求梅溪公王庇佑风调雨顺、平安消灾、福禄寿喜、五谷丰登、六畜兴旺。

乾隆《嘉应州志》记载，梅县有两座供奉梅溪公王的梅溪宫，一座在丙村新圩角北，一座在松口下店村。光绪《嘉应州志》又述：“今松口松源江合大河处，东岸有金盘宫祀梅溪神。”金盘宫又称梅溪宫，曾于清乾隆十七年（1752）重建，而始建于何时则无考。宫的正殿柱联曰：“汉时功业清时福，当日威仪此日神。”宫内安放的神牌曰：“敕封梅溪助国安济侯之神位。”

今梅江北岸梅江桥头的梅溪宫亦奉祀梅溪公王。在梅县松口，供奉梅溪公王的还有王明宫、王济宫等，梅州不少乡村的公王坛也奉祀梅溪公王。康熙《程乡县志》载：“梅州命名考，李士淳曰：曾见《粤东名贤志》：梅绢，湞水人，汉初，从高祖，破秦有功，封于粤，即今程乡（梅州）地。故号其水曰梅源，溪曰梅溪，名其州曰梅州，皆以梅绢得名也。至今各乡祀神有梅溪公王意即其人。云俗不详其从，未遂以程俗多树梅，故名梅溪。又以宋时状元王十朋号梅溪，梅溪即十朋，皆习而不察，相传之误也。今考证以俟后之君子。”时县志主编、知县刘广聪亦指出：“县以程名，由程日文之贤也。至名州，以梅，则人多不知为汉将梅绢食邑之故。然则其名梅也，以旌功也，其名程，以表德也。后之君子，盍三复于程梅之义乎！”以上文献可证，梅溪宫所奉之神梅溪圣王，为秦汉时的梅绢。

（3）小桑公王。小桑公王是梅县水车镇小桑村的民间信仰神明。传说明末清初小桑村开村之时，因村中人口稀少，野兽遍布，山岚瘴气，瘟疫严重，明山国王（又称明主公王）托梦小桑村湖洋背罗屋罗仙公：请明山国王到村中各家巡护，便可消灾灭厄，逢凶化吉。明山国王在巡护小桑村时见村中山水优美，环境幽雅，遂在此落居。小桑村人于是设坛于大榕树下，宫址则坐落在湖下村与赤土村交界的公王宫。公王宫门联曰：“公驾视四方，方方吉利；王车巡九甲，甲甲平安。”随后明山国王邀其兄弟进村，村民分别尊为猎神公王、出巡公王。逢村中遇危难灾害之时皆显灵庇佑，故村中各姓氏宗族感其恩，遂成共识，敬奉明主公王、猎神公王、出巡公王为“公王爷爷”。长年香火旺盛，祈盼公王保一方平安，亦形成迎送公王这一习俗，俗称“等公王”，又叫“扛公王”。世代相传的“扛公王”习俗历久不衰，民国时期尤为盛行，且定于每年四月三十日（月小则为二十九日）为公王出巡日，至五月初四回公王宫。故村中有“四月日子长，小桑等公王”的民谣。抗日战争爆发后，因受战乱、贫困等因素影响，祭祀活动改为每年正月初二出巡，至正月初六回宫，一直延续至今。

二、客家民间信仰的仪式与行为

客家地域分布广泛，民间信仰对象种类繁多，因此民间信仰活动纷繁复杂，除却乡村民众平时因为个体原因向各类神明顶礼膜拜外，源于客家地区的自然社会环境因素和信众祈福禳灾的根本心理诉求，客家地区民间信仰活动的仪式与行为大致可以归纳为以下几类。

（一）春祈

“祈”的本义是向上天或神明求福，《说文解字》云：“祈，求福也。”客家地区为消灾祈福而举行的祈禳活动很多，按照举行时间来分，大体可以分为岁时祈丰、游神打醮和临灾祈禳三类。

1. 岁时祈丰

岁时祈丰是指在传统的岁时节日里举行的祈禳活动。众所周知，在我国古代的农耕社会里，许多岁时节日和节气安排都与农业生产相关。因此，在这些特定时刻举行的农事祈神，其实也是一种预防性的消灾活动，希望神灵能够预防灾难的发生，保佑农业生产获得丰收。诚如古人所云：“二月祈谷，五月迎神，以祈甘雨，祝丰穰。”① 在粤闽赣客家地区的岁时节日里，客家人也要举行此类活动。如赣南在立春这一天，要供斋饭、焚香烛、放鞭炮，迎接春神到来，目的是“祈祷来年风调雨顺，五谷丰登”②。七月十五日的中元节是客家人的重要节日，在这一天，广东五华、兴宁等地民众会在稻田中插竿挂纸以驱害虫。“中元，以竹竿纸钱插田园，谓之‘标园’，迎神驱虫豸也。”③

2. 游神打醮

除了在传统的岁时节日之外，客家人也会在其他时间定期举行打醮和游神的禳神活动，这些禳神活动的举办时间一般都是固定的，针对性也很强，多是为了防止某一种（些）灾害的发生，也属于一种预防性的消灾活动。例如，福建武平县的“保苗醮”，“秧长将熟，敛钱迎神斋醮，或用男巫婆娑吹笳舞，谓之保禾苗。盖本邑以农为本，城乡五月后，皆有此举”④。始兴县隘子村在每年六月初六举行“扛公王”的游神活动，村民认为大神巡查过的禾苗能得到雨水滋润，不生虫灾。⑤

3. 临灾祈禳

所谓临灾祈禳，顾名思义，就是在灾害降临时所举行的祈神消灾活动。在粤闽赣边区，临灾祈禳活动很多，这与当地水旱灾害较为严重的特点相一致，客家族群最常举行的祈神禳灾活动就是求雨和止潦，这方面的事例在地方文献中有诸多记载。如福建宁化县，“若间不雨及潦，人民各

---

① 《安远县志》卷1《地理志·风俗》，同治十一年（1872）。

② 赣州地区志编纂委员会编：《赣南概况》，北京：人民出版社，1989年，第123~124页。

③ 《嘉应州志》，乾隆十五年（1750）。

④ 《武平县志》卷19《礼俗志》，民国三十年（1941）。

⑤ 曾祥委、曾汉祥等：《始兴隘子客家大庙及崇拜习俗调查》，《韶关大学学报》1995年第3期，第1~7页。

舁其坊之神，折柳击鼓，至县衙前，县官出为行香如仪，甚则禁止屠宰若干日，至雨或霁而止”①。实际上，客家人临灾祈禳的活动是十分普遍的，每当禾苗遭受病虫灾害、冰雹摧侵农作物、禽畜遭受瘟疫，甚至连野兽危害庄稼时，都会举行祈祷仪式，祈求神灵消除灾害。如赣南安远县，“如遇病虫害严重成灾，村民即组织打‘香火龙’活动，大肆进行谒神拜社公活动，巡回到山野田间转悠，驱逐瘟疫，以求神灵消除这场灾祸，保佑禾苗正常生长”②。长汀县张地村的村民在野猪危害猖獗的年份，会打“野猪醮”，认为这样就能驱除野猪危害，保护稻谷、地瓜等庄稼以及山上的竹子能有好的收成。③

总之，无论是定期举行的岁时祈丰和游神打醮，还是不定期举行的临灾祈禳，其实三者在本质上都是相同的，都是希望获得神灵的保佑，防止或减免自然灾害。这些频繁举行的祈祷仪式，一方面说明了客家族群在精神生活方面对神灵的严重依赖；另一方面也反映了粤闽赣边区自然灾害频繁，客家族群深受其害的社会现实。

（二）秋报

秋报是指秋收后向神灵表示感谢的仪式。至今仍然盛行于粤闽赣边区的“荐新”习俗（亦称“尝新”，即把新获稻米煮熟后首先敬奉给神灵尝食），就是一项答谢神灵的酬神仪式。在赣南安远县“秋熟荐新，先祀社神，后敬祖先，知粒食报本之礼哉”④。粤东梅州地区则要举行做秋活动。梅县松源做秋习俗则是当地比过春节还隆重的民间酬神活动。每年七月十五日，当地民众都要到附近的坛庙祭拜伯公、公王等各路神明，感谢神明的庇护。当地还要举行盛大的游龙源公王活动，祈求神明保佑合境平安。

三、客家民间信仰的形成

客家民间信仰的形成是客家族群特定的历史形成过程和客家人生存环境共同作用的结果，是传统社会客家族群原始朴素的精神世界的外在表现。

---

① 《宁化县志》卷11《礼俗志》，民国十五年（1926）。

② 刘兆升、田惠裕：《安远民俗浅说》，中国人民政治协商会议江西省安远县委员会文史资料委员会编：《安远县文史资料》（第5辑），1991年，第121~123页。

③ 方宝璋：《闽台民间习俗》，福州：福建人民出版社，2003年，第106~109页。

④ 刘兆升、田惠裕：《安远民俗浅说》，中国人民政治协商会议江西省安远县委员会文史资料委员会编：《安远县文史资料》（第5辑），1991年，第121~123页。

1. 山区自然环境的影响

粤闽赣地区是一个灾害种类多、发生频率高、破坏强度大的山区环境，在粤闽赣客家地区常见的农业灾害主要有水灾、旱灾、虫灾、雹灾、霜冻等，这些灾害对农业生产破坏极大，其中尤以水、旱两灾最为频繁和严重。赣南地区“为壤既瘠且贫，无金锡之珍，鱼盐之阜，畜牧驹骡之饶，织文机巧工技之利”①，并且由于地处偏远地带，被历代封建统治者视为“化外之地”，经济发展十分缓慢，生产力和生活水平都十分低下。频繁的自然灾害对生活在这里的客家族群来说，无疑是雪上加霜。

面对频频发生的自然灾害，客家族群采取了诸如兴修水利、人工驱虫、建仓储粮等防灾抗灾的措施，但实施效果并不理想。以水利工程为例，众所周知，兴修水利工程有利于蓄洪排涝、储水灌溉，这对于以水旱灾害为主的粤闽赣边区来说，无疑具有十分重要的意义。但由于这里山高林深，峦岭起伏，修建水利工程十分困难，正如光绪《嘉应州志》卷6《水利志》所载：“依山为田，沿流作灌，非若平畴广亩，可沟而浍也。为陂塘者，多横绝溪流，用石鳞起，水可高五尺。或木桩用藤蔓紧织，内磊小石，水高起亦可五尺。从其所向，凿圳通之，遇阻断处，或接以木枧，可绕至一二里外。视疏乎沟浍，艰难何啻百倍！”不仅如此，粤闽赣边区由于地处山区，耕地多是零星小块，分布散乱，所以即使耗尽巨资建起了一些水利工程，但其使用价值也十分有限，往往一座陂坝的引灌沟渠长达十几里，而浇灌面积只有一二十亩。

上述这些频繁的灾害和恶劣的自然条件，对粤闽赣边区造成了十分不良的影响，一方面由于救灾抗灾的成本高且效果不好，当地民众防灾抗灾的积极性严重受挫。康熙《宁化县志》记载：福建宁化县，“以二百余里之域，田之为亩者二十三万有奇，而陂之可志者仅七，则知士大夫之讲水利者稀，咸以氾胜之书为鄙谈也”。另一方面由于他们的防灾抗灾能力低下，无法抵御自然灾害，转而迷信超自然的力量，祈祷神灵的护佑。“本邑土薄水浅，无以备旱，故旬日不雨，则农人争水矣；二十日不雨，则迎神祷雨矣。”在这些因素的影响下，生活在粤闽赣山区的客家人形成了多神信仰观念。

2. 客家传统社会的农耕属性

客家传统社会的农耕属性决定了农业生产对客家人的重要性，因此在农业生产的过程中，客家人特别需要祈求神明的佑助，从而保证风调雨

---

① （同治）《赣州府志》卷20《喜丰堂记》。

顺、五谷丰登。

一是社公。即土地神，它很早就进入了国家的祀典。粤闽赣边区的客家族群对土地神十分敬重，把它称为“社公”、“社官”或“田伯公”。无论在平时还是在遭受灾害时，社公都是客家人祈求护佑的重要对象。如在梅州一带，每年二月初二这一天，当地人要向社公举行隆重的“开耕礼”，祈求田伯公保佑禾苗茁壮生长。在长汀县铁长乡张地村，除了逢年过节和每月的初一、十五祭拜社公之外，人们还会在久旱不雨之时，为了保住田里的水稻、地瓜及竹子，聚集在社公坛前举行求雨仪式。

二是龙神。在水旱灾害十分频繁的粤闽赣边区，龙神也是客家人在祈神禳灾时祈请的重要对象。如长汀县龙潭，“在县东云骧阁下东岸，建龙王庙。遇旱，筑坛而雩，则雨”①。安远县云腾阁，“在新龙堡丫髻岽，祀龙神，祈雨有验”②。

在谈及客家人的龙神信仰时，我们还须提及与此相关的龟、蛇崇拜。按照学者的观点，蛟龙之所以能兴云布雨，主要因为它是一种亲水动物，常常蛰居深水之中。根据“同类相通”的巫术思维，因龟、蛇之属是水生动物，所以也被赋予了施雨的功能。粤闽赣边区也有祭拜龟、蛇，祈求降雨的习俗，如大余县“旧有普照寺，旁有龙井。明天启间，知县龙文光旱祷，至井得小蛇，内入瓮中，载以入城，未至而雨随注”③。宁化龙潭磜，“在县北泉下里，旧传有龟浮水面，溪水即涨。岁旱，乡人取其水祷雨，多应”④。

三是本地福主。粤闽赣边区是一个多神信仰的地域，在一个普通的客家村落中，常常供奉着各种不同宗教性质的神灵。但在庞杂的村落神灵系统中，一般都有一个被称为福主或公王的神灵，作为当地最重要的保护神，如梅州松源的龙源公王、会昌的赖公、瑞金的唐葛周元帅等。因为这些神灵被赋予广泛的神力，能为村民提供全面的保护，所以也成为农业祈禳的重要对象。每当灾害来临时，村民同样会向这些福主祈祷，如赣南于都县的福主祁、禄二公，“凡有旱魃为虐，蛟蜃兴娱，阴霾不开，禾苗不遂，山瘟作祟，疠鬼为殃，但有祈祷，无不应验”⑤。

当然，粤闽赣客家地区的信仰对象远不止这些，但凡山川、日月、城

① （乾隆）《汀州府志》卷3《山川》。
② （同治）《赣州府志》卷15《舆地志》。
③ （同治）《南安府志》卷3《山川》。
④ （乾隆）《汀州府志》卷3《山川》。
⑤ 《于都县志》卷14《艺文志》，同治十八年（1879）。

隍、佛道诸教等神灵，只要有护佑百姓的功能，就会受到民众的敬奉。如于都县对雩山的崇拜，“吾邑北四十里，有山峤起而干霄者，以祷雨有验，名之曰雩”。甚至有些神灵原本没有降雨、驱虫等救灾职能，但民众还是会把这些职能强加给它们。如在闽西地区，原本只关心彼岸世界的定光古佛、伏虎禅师等佛教神灵，客家族群也赋予其降雨、治水、筑渠等职能。

粤闽赣客家地区的民间信仰活动丰富多彩，既体现了客家族群在对待神灵信仰上的功利性目的，也是客家文化的多元性特征在精神层面的生动体现。

3. 客家族群传统社会生活的需要

节日是传统社会里客家人的社会生活展演的时间和空间载体。客家人的节日活动总是与神明崇拜紧密联系在一起。客家人的古朴观念认为，现实生活中的人之所以能够享受节日的快乐主要是因为神明的保护，而神明能够施与恩泽则在于现实生活中的人的供奉所带来的满足与愉悦。因此，客家人节日的主要活动便是神明祭祀活动，以此而论，民间信仰是客家传统社会生活的需要和主要内涵。

中国的岁时节日起源于祭祀活动，古代“岁时”常常与“祭祀”连接成词，在春夏秋冬的四季轮回中，人们举行着相应的祭祀活动。在以农耕为主的传统社会，人们对岁末年初的冬春时节尤为重视。传统的、大型的岁时祭祀仪式常常在这一时节举行。所谓祭祀，依照《说文解字》的解释，是以手持肉奉献给神灵。将食物奉献给神灵是中国传统祭祀的基本方式，中国人认为以上等的或时令食品献给神灵，就如人间以佳肴招待贵客一样能很好地表达自己的赤诚。春节就是传统岁时祭祀中表现最生动的节日。

春节作为中华民族的第一大节，其主要文化内涵是除旧迎新，围绕着除夕与新年，形成了丰富多彩的节日习俗。然而认真去分析传统春节习俗中的活动内容，就可以发现祭祀是其中的核心内容，客家地区表现尤为突出。春节期间，客家人要到当地的各类神庙去祭祀，感谢神明的庇护。其中，特别隆重的是各家各户要在大年三十下午到祠堂去祭祖。参加祭祖的人要沐浴更衣，准备三牲果蔬、香烛纸炮，叩谢历代祖先对后人的佑护。祭拜祖先后，才将祭祀食物带回家烹制成年夜饭。由此可见，祭祀祖先在春节习俗中地位之重要。

再如端午节。传统的说法中，其由来是为了纪念屈原投江殉国，每年五月初五要将做好的粽子丢入水中，以祭拜这位爱国诗人，但是又害怕河中的鱼吃屈原的祭品——粽子，于是又产生了划龙船的习俗，以此来驱赶鱼。

客家地区的端午节习俗则不是吃粽子、划龙船，而是与当地的民间信仰活动联系在一起。在粤东梅州大埔县西河镇大靖村，每年五月初五吃过午饭后，乡村各姓族人敲锣打鼓，由一位辈分高、虔诚的老人用跌胜筶（一阴一阳代表胜筶）的形式将五显大帝爷从灯心宫用神轿请出，神轿由四个经理事会推选的中年人抬，先在村中巡游一圈，再从大靖村村头下河，放在河中准备好的一只船上，船头站一人，此人身体十分强壮，可以抵挡众人的进攻。船上的人左手拿木雕龙头，右手拿带叶子的树枝，水中的人用水泼他，顺流下到村尾灯心宫前（村口），将神抬上岸，再敲锣打鼓将五显大帝送回宫庙。当地人将这一活动称为“㞎龙船”，其寓意为通过五显大帝将村中的“不洁”之物带上船，由大家将其“送走”，以祈保村境平安。“㞎龙船”这一民俗活动中的民间信仰韵味不言而喻。

总而言之，客家地区的民间信仰活动的盛行，是传统社会山居的客家族群从事农耕活动的现实需要和社会生活的精神诉求。

参考文献

［1］邹春生、朱钦胜：《自然环境与客家人文特质的形成——以赣南自然灾害研究为中心》，《赣南师范学院学报》2003 年第 5 期。

［2］肖文评、王濯巾：《粤东客家传统农耕习俗略论》，《农业考古》2008 年第 3 期。

［3］杨彦杰主编：《长汀县的宗族、经济与民俗》（上册），香港：国际客家学会、海外华人资料研究中心、法国远东学院，2002 年。

［4］詹鄞鑫：《神灵与祭祀——中国传统宗教综论》，南京：江苏古籍出版社，1992 年。

［5］谢重光：《福建客家》，桂林：广西师范大学出版社，2005 年。

［6］房学嘉：《客家民俗》，广州：华南理工大学出版社，2006 年。

［7］邹春生：《神灵入典与毁禁淫祠：略论国家对客家民间信仰的控制——兼论国家权力在客家文化形成中的作用》，《赣南师范学院学报》2008 年第 1 期。

第三章　国家控制与地方社会的整合

——客家地区民间信仰研究的视野

当前，对于客家传统社会的研究越来越受到学术界的重视，并形成了一个历史学、社会学、民族学、人类学等多学科整合的研究态势。然而究竟以何种模式，从哪一个角度去认识、研究客家传统社会，研究者可谓是见仁见智。以往的研究成果，研究者多是从宗族的角度去研究客家传统社会的。① 法国远东学院劳格文博士自1992年开始在粤闽赣三地开展客家田野调查工作，提出了以乡镇一级为单位进行调查的研究思路，取得了很大的成效。② 劳格文博士在乡镇调查过程中，不仅注重对乡镇范围内主要宗族历史的调查，而且突破了以往对民间信仰的忽视而予以高度重视，③ 强调将宗族与民间信仰活动联系起来进行考察。当前学术界对客家传统文化进行了多层次的探讨，民间信仰也是其中一个不可忽视的重要方面。然而检讨以往客家民间信仰方面的研究，不难发现，学者多是从民间信仰的流派，特别是从信仰仪式及其社会作用（如庙会的娱乐、经济功能等）展开研究的，而将民间信仰活动与客家社会，特别是生活在客家地区的诸族群的生存与发展联系起来进行研究的著述甚少。基于此，劳格文博士的研究方法，无疑为我们研究客家传统社会拓宽了视野。

著名文化人类学家李亦园曾经将宗教分成两类：一是制度化宗教，一是普化宗教（又名扩散的宗教）。④ 制度化宗教是指有系统化的教义与经

---

① 刘晓春虽然根据以往乡村研究的社区调查法、宗族调查法、集镇分析法发展出以自然村落为客家乡村社会研究的基本单位的观点，但是细考其观点的形成，可以发现仍然没有跳出以宗族为研究单位的思路，因为在客家地区，自然村落的划分基本上仍然以宗族为基本元素，所以笔者认为他的以自然村落为研究单位，归根到底仍然是以宗族为单位进行调查的方法，详情参见刘晓春：《自然村落：客家乡村社会研究的基本单位》，《客家研究辑刊》1999年第2期。

② 目前围绕该课题研究，已出版“客家传统社会”丛书1套，共11卷。

③ 众所周知，由于历史原因，民间信仰一直被冠以封建迷信的头衔而得不到学术界的青睐。现在，随着学术风气的日渐开放，学术的独立精神越来越得到确立。以往的研究禁忌逐渐被打破，在这种学术背景下，民间信仰的研究也引起了学人的兴趣。

④ 李亦园：《文化的图像》（下卷），台北：允晨文化实业股份有限公司，1992年，第180页。

典，有相当组织的教会或教堂，而且其宗教活动与日常生活有相当程度隔离的宗教。普化宗教则没有经典教义与组织，是一种民间宗教，即其信仰、仪式及宗教活动与人们的日常生活交织在一起。本书所要论述的民间信仰即属于后者。因此，举凡祖先崇拜、风水信仰、神明崇拜、自然崇拜都属于民间信仰的内容。本章着重从客家地区较具特色的神明崇拜这一民间信仰形式来展开论述。客家地区神明崇拜的特色在于神明崇拜活动十分普遍，基本上每一个乡村都有大大小小的庙宇神坛分布，且按照神明管辖范围的大小，从伯公神、村落把境福神到管辖一定区域的公王神，乃至统治更大区域的地方神明（如广东的三山国王、福建的定光古佛、江西的许真君等），形成了大小不一、等级森严的神统社会结构。伴随着这些神庙存在的是各种形式的民间信仰活动的举行。

本章以客家地区田野调查资料为依托，通过对客家地区民间信仰的具体表现形式、运作方式及其所具有的社会意义做出综合分析，揭示出客家地区族群关系在民间信仰活动中的体现，进而探讨客家传统社会发展的原动力所在。

一、民间信仰：国家权力“话语”的地方化

在传统社会，国家的机构设置虽然都只到了县一级，但是历代统治者为了加强和稳固自己的统治，都力图将自己的统治力量延伸到乡村。国家的这种意图突出的表现是明朝政府开始设立一系列的地方组织来实现对乡村社会秩序的维护与管理，如里甲组织。清代乃至后来的民国政府都因袭明制，实施保甲制。但是，这些机构的主要功能是为政府征收赋税、加派劳役，以保证国家的财政收入，其对于如何约束乡村社会、教化乡民，并不能发挥很大的效能。鉴于此，国家一直采取一些手段来向地方民众灌输儒家的正统伦理思想。一方面通过一些地方名儒在地方上推进乡村的教化工作。这种手段在明清时期的岭南地区主要表现为国家与乡绅在各地建立家族文化，“以家达乡”地儒化和汉化地方社会。[①] 另一方面在地方上大肆兴建名宦祠、忠贤祠来宣扬儒家的正统礼仪。我们从官方修撰的志书中可以发现大量颂扬忠臣贤士的祠庙的记载，充分流露出国家的这种意识形态。据香港中文大学谢剑教授对清代嘉应州（梅州）地区122座庙坛的分类统计，统计结果显示这122座庙坛共分成9类，为数最多的依次是名宦贤吏、艺文功名、武德军功三类。这三类庙坛总数高达96座，占全部群祀

① 叶汉明：《明代中后期岭南的地方社会与家族文化》，《历史研究》2000年第3期。

的78%。[①] 虽然如此，但是对乡村社会实施行之有效的行政管理仍然与民间信仰有着千丝万缕的联系。

1. “宫”与地域概念

松口镇为粤东梅县的一个客家乡镇，位于县境东北部，距离县城54公里，总面积92平方公里，总人口约3.6万。一般而言，传统社会中县以下乡村的组织为里、约、甲等。据王之正编撰的乾隆《嘉应州志·疆域》记载：“丙村，所属五约：曰郑均、曰人和、曰万安、曰摺洋、曰黄沙小都。”“雁洋，所属六约：曰雁洋、曰石寮、曰大坪、曰半径、曰南福村、曰松树坪。”“松源，所属四甲：曰宝坑、曰葵坑、曰塘边、曰蕉岭。”而传统社会的松口社区，乡村组织却十分特别：“松口，所属十五宫：曰王显、曰王镇、曰福善、曰广福、曰集福、曰横山、曰五显、曰金盘、曰太平、曰界溪、曰汉帝、曰月泮、曰王明、曰王济、曰祥云。”到温仲和编光绪《嘉应州志》时，对松口的记述也与乾隆《嘉应州志》相同，可见，松口的地方建制至少从清代中期以来，“宫”一直是当地的一个非常重要的行政机构，其重要性甚至超过了里甲组织。当时地方的许多重大事情都在“宫”中进行商讨表决。如熙斋氏于1672年编的《邱氏族谱》载：“松口十三宫，本里宫名为显龙，公时与乡人在本宫议事。”从这一记述中可以发现，当时松口可能划分成十五里，而当时的十五宫就是这十五里的议事场所，行使着准政府机构的职能，扮演着地方政府衙门的角色。据房学嘉先生考察，民国时期当地的南洋华侨从外洋寄钱物回家，只需写明“松口某某宫某某人收”即可。直至今日，松口民间对“宫”所辖的范围仍然很清楚：报告人温澄苇讲，我们温姓属于王显宫，王显宫的管辖范围为八甲，包括寺前村、大塘村、大力村、田心村等，主要姓氏为梁、李、古、徐、温、谢等。再如报告人邱鼎章说，五显宫是我们三里人的，五显宫的管辖范围为三里，即光德里、荷塘背里、仁寿里，主要有李、饶、刘等姓。[②]

径门乡位于粤东丰顺县西北部的客家山区。据肖文评对该地的田野考察，该地的龙溪村在历史上存在九座宫庙，每座宫庙都有自己的管辖范围，界限分明，并且这九座宫庙不仅是神明的居所，而且具有地理区分的意义，在当地俗民中有着相当深远的影响。光绪年间的九个片村实际为龙

① 谢剑：《清代嘉应地区客家神统的结构与功能分析》，载谢剑、郑赤琰主编：《国际客家学研讨会论文集》（第一届），香港：香港中文大学、香港亚太研究所、海外华人研究社，1994年。

② 房学嘉：《梅县松口镇郊区的神明崇拜》，载《中国的祭仪、音乐与戏剧及其社会环境国际研讨会论文集》，台北：财团法人施合郑民俗文化基金会，1999年。

溪九宫的管辖范围。民国年间推行保甲制时也以九宫为依据把全社划分为九甲，民间则一直以“宫”名相称。例如，当地人在互相介绍时往往说“是某某宫的人”，而不说“住某某村”。这说明宫庙已经成为俗民的一种地理认同。该考察进一步分析发现，龙溪各姓虽聚族而居，但是因为人口少，宗族不发达，经济薄弱，宗族无法成为维护地方秩序的核心。清代以来，龙溪虽有村社的划分，但是官府没有委派专职官员，仅为交粮纳税的单位。民国二十二年（1933）国民政府推行保甲制，委任了乡长、保长、甲长，但穷乡僻壤，人口又少，需要处理的事务少，因而体现政府权威的时机少，加之乡长、保长、甲长又都是本社人担任，因此地方政权不能成为龙溪民间社会的核心。但是过去地广人稀、山多田少、生存条件非常恶劣的山区环境又要求人们联合起来，于是各宫神明超越宗族的各片村落成为团聚俗民的核心。如民国十八年（1929），地方乡绅为了应对土地革命，以宫庙为单位，龙溪九宫动员俗民捐钱各自铸造了一支单响枪。①

2. 神庙与乡村权威

传统社会神明崇拜这种民间信仰活动在处理乡村事务中行使着社区管理的行政职能。

廖云白描述了赣南地区定南县老城镇的城隍庙对于地方社会的整合作用。老城镇是定南的老县城所在地，旧时当地经常发生宗族之间的械斗，而通常县衙又不能解决，在这种情况下，就会动员械斗的双方族长到城隍庙盟誓予以解决。②

正是因为传统社会乡村庙宇具有如此的权威，行使着准衙门的职能，才使得其在民间社会中发挥着社区组织与管理的功能，因而实际上一些庙宇往往成为封建政府的乡约所。③ 据民国《连城县志》卷19《祠祀志》记载，福建连城县的西五显庙始建于宋代嘉定年间，明代嘉靖年间改为乡约亭。基于此，民间的各种庙宇往往成为官方发表文告的场所，这种情况在客家地区较为多见。

赣南采茶戏是赣南客家地区一个较具影响力的地方剧种，由于它的演出内容接近下层民众的社会生活，形式生动活泼，在民间相当受欢迎。但是因与国家的正统观念相背离，在传统社会遭到政府的严厉禁止，政府经

---

① 肖文评：《丰顺县径门乡“龙溪九宫”神明崇信习俗》，载房学嘉主编：《梅州河源地区的村落文化》，香港：国际客家学会、海外华人研究社、法国远东学院，1997年。

② 廖云白：《定南县老城镇庙会考》，载罗勇、林晓平主编：《赣南庙会与民俗》，香港：国际客家学会、海外华人研究社、法国远东学院，1997年。

③ 当然庙宇的这种功能并非客家地区的专利，在一些非客家地区亦然。详情可参见陈支平主编：《福建宗教史》，福州：福建教育出版社，1993年，第475页。

常发表文告禁演采茶戏。但是这种告示不是在衙门张贴，而是在一些庙宇出现，政府甚至还在一些庙宇中镌刻碑文予以警示。个中原因除与赣南地区的一些庙宇经常将采茶戏作为举行庙会的一个内容有关外，民间庙宇在乡民心目中的权威地位也是一个不容忽视的因素。

又如在闽西北地区的泰宁县开善地区，历史上存在十多座庙宇，其中广惠庙供奉的靖惠孚济侯王，据传为当地江姓宗族的祖先大杨公。过去该庙不仅是人们供奉、祭礼、参拜的地方，还是政治、经济、文化活动的中心，也是国家政令下达的场所。现在庙中保留下来的三块碑记说明了这一点。[①] 第一块是《本县正堂何示广惠庙禁条》，该禁条是清嘉庆十一年（1806）所立，内容有六：一禁开押花会；一禁唱采茶戏；一禁存留乞丐；一禁起架屋场；一禁堆积柴火；一禁酗酒斗殴。从中可以看出该禁条对于规范乡人的生活，确保其符合儒家的礼仪具有很大的行为约束力。第二块是《特授邵武府泰宁县正堂加五级记录十次记大功八次何为遵请圣喻事》，该碑是一篇政论教育的告书，内容主要是教育乡民要遵守儒家的礼仪风俗，要求官员在每年的春秋祭社之日到庙中对乡民讲解圣喻广训，以让国家的礼法深入民心，并对宣讲的礼仪程序和听讲要求都做了明确规定。第三块是《奉宪永禁放流连桐碑》，该碑主要是针对萧地、杨过绪等人不顾开善河小、水浅、坝多的情况，强行拆坝放水从小河中放流连桐杉木，造成当地灌溉缺水，无法保证农作物生产的禁令。

二、民间信仰：从移民走向定居之“游戏规则”

客家族群是历史上北方南下汉人与南方土著民族融合的产物。因而我们可以把客家社会看成一个移民社会，那么不同姓氏的移民如何在迁徙过程中确立各自的“势力范围”以赢得立足之地，并最终在自己的迁居地稳定下来，发展各自的生产生活，便是一个首先需要解决的问题。

中国是一个农业社会，这种社会形态决定了在传统社会土地对于人们生产生活资料获得的重要性。因而“安土重迁”的观念在人们心中根深蒂固，人们对自己拥有的土地怀有深厚的感情。而经过颠沛流离在南方客家山区定居下来的客家移民，能够拥有并保持自己的一方“净土”，则更是不易。这就是历史上在岭南地区（包括客家地区）不同宗族之间冲突较为突出的原因所在。笔者认为正因为如此，在客家地区村落的水口便附会于风水，从而被赋予了非凡的社会意义，基本上在每一个村落的水口都设有

① 傅光辉：《泰宁县开善上堡的宗族与侯王庙会》，载杨彦杰主编：《闽西北的民俗宗教与社会》，香港：国际客家学会、海外华人研究社、法国远东学院，1996 年。

神坛和庙宇。目的是保护水口的安全，以维护全村人的利益。

福建武平县东留土壁村居住着钟姓宗族，视村落的水口为全村福祉的关键所在。该姓《钟氏族谱》里有一段记述，谈到了明末清初土壁的水口遭到破坏而使村子败落的情况：（钟氏）源来汀州府流于武平县系白叶村崆头隘吐壁乡，看见水口之外有石陂三座拦水，又有罗星石敦二龙把关，关上有石鱼坡相助。北鱼坡系明清两朝交泰之际，系顺治丙戌年（1646）被广东贼人触破鱼身并尾，留鱼头在左以为古记。及欠一石坡，所损财丁者不谓不多矣：邱姓走，曾氏在里，钟姓米石从此消散。所触坡者何家？因当时念峰公万金子孙之塞（寨）不能破，故被鱼坡害之。①

梅县桃尧镇大美村主要由张姓和卢姓两个宗族构成。卢姓居住区的村头和村尾分别有梅溪公王和社官作为村境的守护神，而张姓居住区则没有这两位神明护佑村境。不过，在大美张姓聚落区，张姓人却尊奉张姓六世祖秉仁公为村境的守护神，称为“法进大伯公”。② 相传法进大伯公曾在村的东、西、南、北四个方位埋下四坛法水来保护村境不受侵犯。③

不同姓氏的移民正是附会于各种神明，借助神明的力量，建立自己的村落，为在客家地区拥有各自的生存空间营造各种“合理”的解释。

三、民间信仰：族群冲突与融合之社会资源

长期以来，学术界对中国传统社会进行了坚持不懈的探讨，其目的在于研究中国传统社会发展的动力所在。客家地区广泛存在的民间信仰活动，在历史上之所以长盛不衰、禁而不止，其中原委就在于民间信仰对于地方社会具有超强的社会整合功能，这种整合功能主要表现在它使得客家社会处于一种“有序的无序”状态之中。一方面，民间信仰推动了客家地

---

① 杨彦杰：《闽西客家宗族社会研究》，香港：国际客家学会、海外华人研究社、法国远东学院，1996 年，第 163 ~ 164 页。

② 法进大伯公的故事在村中很是流行。据传秉仁公学法术，以武功闻名。某日，公在本村荷树下路下田中耘田，一外地寻嚣者拟学法，故意问大塘尾法初伯公居何处。公知其来意答曰：我是其徒弟。随即将手中耘田耙抛上半空，不见踪影，良久，手一招，耘田耙正落在手中。来人见此状况，认为徒弟的法术都这么高，那师父更不用说了，随即离去。又传曾有一个会宁都遁法术的学道者自恃法术高明，从村中经过，此人手打一把黑伞从大美村上空飞过，法进大伯公正在田中耘禾，随即将手中耘禾耙往空中一抛，此君即从空中坠下。宁都遁者自知遇到高人，羞愧而去。公为本村护卫，外人不敢欺。但其子张晋无传，后人将其骸骨葬于本村排上屋背山的石岩下，年节当祭祀，名曰：法进大伯公。传说法进大伯公十分灵验，松源、隆文等地的信士都会来祭拜。据说法进大伯公墓下有一眼泉水，村里人有什么病痛，如到其墓前烧香取水，便可痊愈。后来，松源有人从这个地方将法进大伯公的香火请去，此后便失灵了。

③ 宋德剑：《梅县桃尧镇大美村宗族社会与神明崇拜》，《客家研究辑刊》2001 年第 1 期。

区不同宗族之间的生存竞争；另一方面，在一定情况下，民间信仰又使得客家地区不同族群之间为了共同的利益结合在一起，结成本区域内的联盟，推动整个社区的发展。许多客家地区的田野考察报告充分说明了以上论断。

松源镇是梅县西北部的一个边陲地区，号称梅县的“西伯利亚”，历史上为官府统治的薄弱地带。该区神明崇拜活动较为活跃，不同族群之间的关系较为复杂，特别是区内王、何两个大姓之间的关系较为紧张。历史上该镇各姓之间的关系在民间信仰这一层面上最为微妙。透过松源镇神明崇拜活动的具体内容及其组织形式，可以发现松源镇族群关系的丰富内涵。一方面，乡村社会的各个强势族群通过各种运作方式，争取乡村社会的主导权。这在松源表现为王、何两大宗族对区内主要神庙——龙源宫控制权的争夺，最终王姓由于地缘优势——龙源宫位于王氏宗族的势力范围内和人缘优势——宗族内科举人才辈出，取得了胜利。正是由于这种宗族竞争，[①] 推动了区内各个宗族的发展前进。另一方面，乡村内的各个族群又通过特定的方式，利用神明崇拜活动，结成各种形式的“联盟”，在有限的范围内维持着社区的稳定与和平，形成推动社区曲折前进的原动力。松源镇大小不一的各个宗族往往依附于某一神明，结成某种形式的“联盟”，从而在一定程度上平和了不同宗族之间的不和谐关系。众会组织就是这么一种“联盟”。传统社会松源民间的神明众会组织很多，如伯公会、梅溪公王会、龙源公王会、弥陀会、普祀会等。从笔者在档案材料中发现的有关这方面的资料来看，这些会的组织方式已经完全突破了宗族的血缘界限。下引资料就很好地证明了这一点。

松源上乡第十保国民学校呈为强迫骗卖社会田事[②]

为具呈人松源上乡第十保珠田保国民自强学校校长王寿之、校董主任王福达等被下乡横江保温姓强迫骗卖社会田产事。于前人王、温、林、刘、赖等集资成普祀之会一处，会场地名茅坪里，系当地切珠田保之境内。兹有社会之田一丘，系在本保，土名梅仔坝，被下乡横江保温安、全四私买一案，当即报名本乡乡长王，现今政府饬令森严，将社会之田助充当地学校教育经费，该温安、全四竟敢私买，迫得具示钧长，肯请钧长照令照理拨充敝校，实为公便。谨呈。

---

① 包括后文论述的王、何两大宗族对圩市贸易控制权的争夺。

② 梅县档案馆民国档案，第1号全宗（教育科），1938年第26号卷。

这则材料是写充作学校教育经费的普祀会田产被松源温姓骗卖的事情，但是其中讲到普祀会是一个由王、温、林、刘、赖等姓氏的人集资组成的神明众会的史实充分证明了民间神明众会的组织形式已经完全突破了宗族的界限，成为一个地域性的社会组织。此外，松源民间做秋习俗中不同宗族在不同的时间扛公王到自己村落巡游的活动，虽然是不同族群对于龙源公王恩泽的一种社会分配形式，但是从另一个角度考虑，扛公王习俗是松源不同族群的一种最大的“联盟”形式。据报道人讲述，只有享有龙源公王“神份”的村落才有资格扛公王，[1] 换言之，只有属于这个以龙源公王为象征的大联盟内的族群才有资格享用公王的恩惠。[2]

同样，丰顺县汤南镇罗氏宗族分成大小两房，由于宗族内部的矛盾冲突，同一个宗族虽然共同供奉三山国王，但并不是都在一个庙中去祭拜，而是以穿村而过的道路为界，分建两座庙宇。道路上片的大房建一个三山国王庙，道路下片的大房与小房共建另一个三山国王庙，同一宗族内分化出两个同一神明的祭祀圈。此外，罗氏宗族又与其他宗族在当地建了一些公共庙宇，以此增进不同宗族之间的交流，从而使得不同宗族之间保持和睦的关系。汤南罗氏宗族正是在这种冲突与融合中为自己赢得了发展的动力，推动了宗族的前进。[3] 杨彦杰在考察福建武平县东留溪流域内的宗族社会时发现，这个区域实际上是一个有机的整体。随着河流自北向南的流淌，沿河两岸的社区相互联系在一起，形成一个以河流为主线的区域社会。一方面，流域内的各个宗族各自建有自己的神庙，相互之间保持着一定的独立性，这些庙宇使得每个社区都成为一个统一的整体；另一方面，这些庙宇的影响力随着河流的南下逐级增大。因而整个河段大小不一的祭祀圈相互环套在一起，最终结成一个巨大的祭祀网络，这个网络与婚姻、经济网络一起，在该区发挥着整合社会的功能。[4]

实际上，客家地区普遍流行的跨区域的公王崇拜都具有协调族群关系、维持社区稳定的社会整合功能。关于这一点，杨彦杰在《玲瑚侯王：

---

① 凹下陈姓不扛公王，据说是有一年，该村陈姓没有参加扛公王活动，以后，松源各姓一致决定将陈姓排除在扛公王的活动之外。

② 宋德剑：《梅县松源镇王氏宗族与龙源公王崇拜》，载谭伟伦主编：《粤东三州的地方社会之宗族、民间信仰与民俗》，香港：国际客家学会、海外华人资料研究中心、法国远东学院，2002 年。

③ 房学嘉：《从民间信仰等看宗族互动》，载陈志明等主编：《传统与变迁——华南的认同与文化》，北京：文津出版社，2000 年。

④ 杨彦杰：《闽西客家宗族社会研究》，香港：国际客家学会、海外华人研究社、法国远东学院，1996 年，第 234 页。

一个跨宗族的地方土神》一文中论述得最为深刻。[①] 该文通过对长汀、连城两县交界的十三个村落（古称“河源十三坊”）共同崇拜玱瑚侯王这一跨村落的神明现象的分析，认为这一现象的形成一方面与当地族群利用神明崇拜，加强相互之间的联系与合作，应付各种自然或社会的挑战有关；另一方面各族群在发展的过程中必然因水源、土地等问题发生矛盾，因而十三个村落轮祀侯王，这对于协调各族群关系，也找到了一个合理的解决途径。同时指出，轮祀侯王的十三个村落只是一个很松散的神明联盟，在这个大联盟内还存在各种互不相干的小联盟，奉祀各自的神明。

综上分析，笔者认为，在客家传统社会，由于庙宇与乡民的日常生活紧密联系在一起，因而成为民间处理地方事务的行政机构，并且得到官方的认可，成为国家权力向基层社会渗透的窗口。同时，民间信仰体现出的象征与权威，一方面，有助于客家社会宗族聚居地的形成，这也成为客家地区宗族界限分明的一个因素；另一方面，透过民间信仰活动，我们可以发现不同社区内的族群之间具有对立统一性，这种对立统一性使得客家传统社会维持着一种“有序的无序”状态，推动了客家社会的进步，成为客家传统社会发展的原动力。

① 杨彦杰：《闽西客家宗族社会研究》，香港：国际客家学会、海外华人研究社、法国远东学院，1996 年，第 269 页。

第四章　公王信仰与客家地区族群关系
——以龙源公王为中心

客家地区民间信仰纷繁复杂，但是总体而言，公王为客家地区最为普遍且民众最为痴信的神灵，可以说公王信仰成为客家民众日常生活的重要组成部分。本章通过梅州地区松源镇龙源公王的个案考察，呈现公王信仰与客家社会生活的互动关系。

松源镇位于梅县东北部，地处闽粤两省的永定、上杭、梅县、蕉岭四县的交界处，镇政府设新圩，距梅县93公里。其东南与桃尧相连，西南与隆文相接，西北与蕉岭县南礤、北礤为邻，东北与福建省永定县、上杭县接壤。古时，松源境内森林茂密，松木参天，同时，因地处松江河上游，有源头之意，故名松源。松源镇原有六甲，据州志记载，明崇祯六年（1633），开设镇平，割松源南北上游两甲隶镇平，曰“石寨乡”。该两甲改隶后，其居民不论族系、教育、通婚以及经济上来往等，仍与松源四甲保持密切联系，且还有许多共同财产。例如，民国时期松源的梅蕉六甲联立初级中学，就是用原来六甲义学的共有财产设立的。清代名为松源堡，下辖四甲，分别为宝坑甲、葵坑甲、塘边甲、蕉岭甲。民国二十年（1931）为梅县第十四区。民国三十年（1941）为第三区的松源上乡和松源下乡。1949年3月成立松源区人民政府。1956年分出桃源片改称松源乡。1987年改设镇。镇内设行政村22个，圩镇居委2个，村民小组192个。全镇总面积140平方公里，其中山地面积17.68万亩，耕地面积2.04万亩，鱼塘610亩。总户数7 880，总人口47 638，其中侨眷占28%。境内崇山峻岭，高山、丘陵、盆地、河谷交错。地势四周高，中间为河谷盆地。东南面王寿山海拔147米。源自福建上杭太平山的松源河纵贯全镇，流至松口与梅江汇合直奔韩江，沿岸有许多村落，居民沿河而住，河的两旁有相当广阔的平原，田地不少。这条河由凹下村起可通小船只，以载运货物为主，顺流亦可搭客，境内的口缺峰和山门岌有狭长水道，两面石壁，乡人认为这两个天成的水口是松源的好风水。

松源的圩市有四处：新圩（古称怀仁圩）、老圩（古称平围圩）、桥下街（亦称桥市）、宝坑街。前两圩以三、六、九日为圩日。后两圩则不定，是为过往行人而设的。每逢圩日，各地前往赴圩的人群，除本地各村居民外，蕉岭边境（原由松源划并的两甲）的居民和远至福建省永定、上杭两县边境的居民（约距离五十里以内者），都到松源买卖货物，因此市面很繁荣。在抗日战争时期，外国洋米来源断绝，上杭县的余粮从松源运售至尧塘、桃源、隆文、松口等地。在县境内的乡镇中，除了县城及松口镇以外，或可以说极少有能够比得上松源的。因为它是闽粤交界的重要地方，且还包括原来划入蕉岭县的两甲在内，来往的居民特别多。

松源的物产，米粮稍感不足，但有福建上杭县的余粮供应，不至缺乏。林产有柴、炭、竹、木四大宗，出自蕉岭县辖的边境，都由松源水路运售至潮汕地区，成为松源的经济命脉之一。

一、松源王氏宗族社会的历史与现状

松源的姓氏非常多，从松源河顺流而下，计有王、林、梁、蔡、郑、吴、张、何、温、邓、陈、赖、曾、刘、李、黄、江、廖、翁、丘、罗二十一姓。据各姓族谱记载，松源人的上代祖先多是经由福建迁徙而来的。其中以王、何两姓人口为最多。

王氏宗族主要分布在松源的圆岭、新南、金星、官田、珠坊等地，其中圆岭、新南、金星、珠坊的王氏宗族同属千八郎公一支，只有官田的属于千四郎公一支。

1. 松源镇郊王氏宗族

松源王姓为本镇第一大姓，无论是人数，还是在当地的影响力都是首屈一指的。松源王氏一世祖为念四郎公，从福建武平迁到松源圆岭的径口开基，然后在松源各地发展繁衍。关于王姓在松源的开基发展史，在《王氏族谱》中有记载。寺边《王氏族谱·松源开基王氏世系》载：

始祖妣谢太安人，系魏安公之幼女，随母于谢家，故称谢氏九娘，葬在上杭县属来苏里。始祖原葬闽汀武平地，盖因先朝鼎革之际，流难迁徙，失太祖墓者有年，间有二三父老莫能言其故而查其实，后人既不能查明，故只记载始祖妣耳。一世祖念四郎公，葬在径口祠前。祖妣福老孺人。二世祖千八郎公，讳德政，祖妣林婆太，生三子，贵荣、贵华、贵安。祖原居上杭县河头石碣山，与六郎兄同居，后移居梅州松源葵坑甲，时有茂山林公见祖人才颖异，将女招赘，祖立志创业，留心风水，祈外祖径口蕉头圆建筑屋宇，落成归带父居，遂开基于此焉。

从族谱记载可见，松源王姓尊开基祖千八郎公为二世祖，千八郎公在松源开基的过程是被当地的林姓招赘，后来找到好风水而定居下来的。但是宗族没有始祖的记载，只是找到一个谢氏祖婆。松源王姓在松源各地的发展情况详见图4－1：

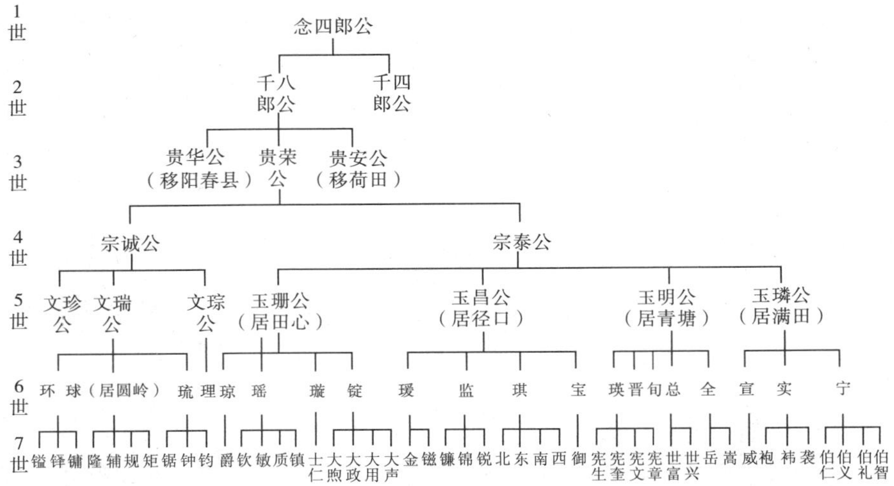

图4－1　梅县松源镇王姓（千八郎公支系）一至七世宗族发展世系图

从图4－1可以看出，王姓来到松源发展到二世就开始分居，千八郎公这一支留在径口发展，千四郎公来到松源的官田开基。王姓的这两支以径口的千八郎公这一支发展为快，到第三代时就开始向外迁移，一是迁到广东的阳春县，一是迁到梅县的荷田，到了第五代，其发展势头迅猛，势力从径口延伸到满田、青塘、田心，第六代又占据了寺边等地。从王姓在松源的发展态势来看，其意图很明显，即沿着松源河两边发展，几乎占据了松源的黄金地带。后来的新圩正是在这个基础上建立的。也正是这个发展构想，使得后来的新圩完全处于王氏宗族的控制之下，为宗族的发展赢得了极大的优势。王姓这个发展策略的制定，从新圩的建立经过可以得到很好的证明。

松源镇郊王氏宗族设立的祠堂众多。松源的祠堂都不住人，因祠堂是阴居，放了神牌就住人不盛。其中径口村王姓祖祠是松源王姓总祠，祠堂为三堂结构。中堂对联“祠倚蛟峰长毓秀，门迎雁塔快题名”。其来历却颇有意思。据说王姓在建筑该祠堂时，发现祠堂门正对的远处两座山峰之间有缺口，而按照客家地区的风水观，祠堂应正对笔架山，这样宗族才会文风发达。后来经风水先生指点，说如果在两座山峰间建筑一个宝塔，正好形成一个笔架的形状，但是这样一做，会破坏山脚下居民的风水，族人一听，便图谋营塔之事。不料此事让这座山下的福建居民知道了，便千方百计阻挠王姓建塔。但据说后来王姓采取明修栈道、暗度陈仓之计，一夜之间将此塔修成。当地人慑于王姓的势力，后来也无可奈何。于是这座大山经这样一修饰，确也成了笔架之势。不过，自从建了这座塔之后，宗族的文风倒也日盛起来。这便是总祠中堂对联的来历。

寺边祠堂有两个，分别为六世琪公、监公两兄弟所建。两兄弟来寺边开基，后来却分别建了一个祠堂。六世琪公有四子，分为四房，东、南、西、北公，分住湖心里等地，每逢年节要回来祭祖公。琪公祠堂为二堂一门楼一斗方，斗方内无八卦装饰，无观音。监公祠堂为二堂一门楼一斗方，斗方内有八卦图案，无观音。裔孙主要分住在寺边。两座祠堂无围屋，但后面有一半圆形大围墙将二屋围住。关于寺边六世祠堂的建造原委，寺边《王氏族谱》中有记载：

我屋之屋场原系五世玉昌公买获，分授监祖，后于成化八年赖俊源当官赎回。正德二年丁卯岁四月初九赖俊源仝侄彦昌转卖与我祖廷忠、廷贵兄弟。价银五十二两，迨后廷贵叔私自思子幼，不愿架构。遂将自己一分之屋场及门口池塘前后左右地基概退与廷忠祖架构，时值当里长，会嘉靖时国步艰难，县主倚重，委解钱粮上京二次，祖力任艰巨，办理妥善。彼时适有石寨郭太监在京与伊侄郭汉仝父子通同卖官起家。廷祖到京则见而却之，后来方识其伊之事绩。廷祖当时又因其父锦公营煽炉铁厂，以致亏累变业。廷祖朝乾夕惕，每念创业艰难，守成不易。婉言哉。谏劝成其监祖分授基业之志。后遂克增置屋基，创建祠宇，肯堂肯构，贻谋燕翼亦甚至矣。

2. 官田王氏宗族

在官田发展的另一支王姓，则没有径口王姓那么好的发展机遇，发展很慢，到现在为止，只有200多人，其发展情况详见图4－2：

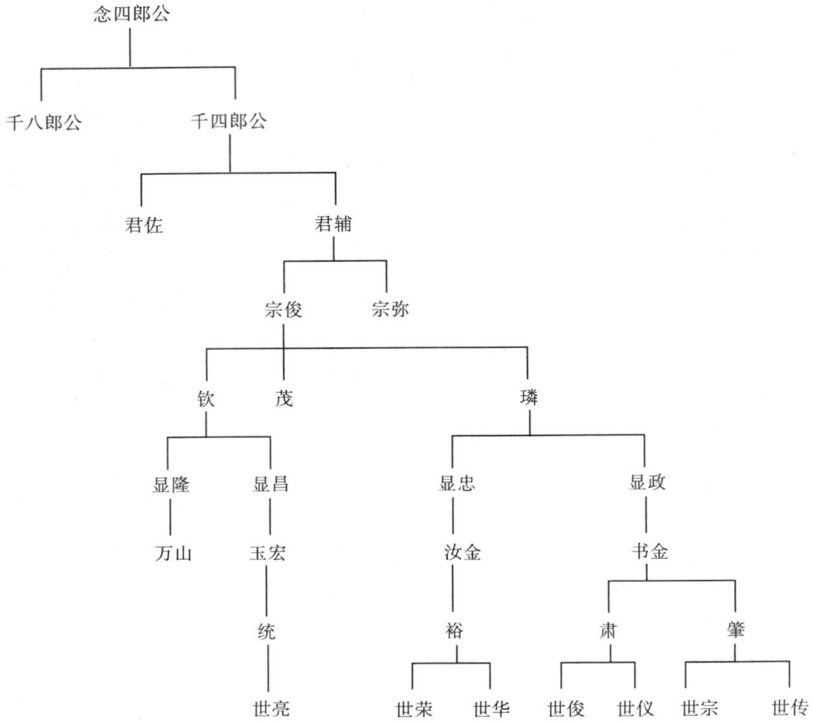

图 4－2　梅县松源镇王姓（千四郎公支系）一至九世宗族发展世系图

官田王姓开基祖为千四郎公。据王锦发老先生（90 岁）讲述，官田坑旧称干头坑，王姓在此五世开基，现已传到二十五世，开基祖为钦公、璘公，从横江迁来。王姓来到官田时，当地还有龙姓、曾姓、赖姓，但后来这些姓氏都不存在了，灭绝的灭绝，迁走的迁走。原因是官田村的龙脉被王姓祠堂占据。官田王姓开基祠堂风水名为“寒虎咬尾”。而关于该风水的获得，则无从得知。官田王姓旧时有许多众会，如清明会、公王会、杉山会。这些众会的功能不一，清明会是每年清明节祭拜无后代的坟墓的一个组织，公王会用来祭拜梅溪公王，杉山会行使保护山林的职能。这些会都由王姓族人自愿参加。王姓代代有尝产，其中十六世庚福公尝产最多，该公尝产实力十分雄厚，田产一直买到蕉岭北寨。这些尝产除了用来祭拜祖公外，还用来设立学田，兴建学校。旧时王姓在村中设有学校，但是 1982 年被拆除。以前，每年除夕下午，王姓族人沐浴后要到祠堂祭祖，现在改为上午祭祖。官田村王姓老屋正中为祖宗神像，祖宗神像用红布包裹着悬挂在上堂的梁上，年节大典时宗族族长将神像取出供族人祭拜。神像下是龙神伯公神位。屋前的照墙上安放有天神神位。

官田村王姓开基祠堂为二堂二横结构，神龛下有龙神神位，神位前有三个小香炉，正堂后有五星石伯公，前面有小院墙，院墙外是半月形风水塘。

3. 珠坊王氏宗族

珠坊村王姓是径口千八郎公传到六世祖总、旬二公时迁到珠坊开基的。现传到二十四世，有40多户，200余人。祠堂建筑比较宏大，为二堂六横二围的标准围龙屋，祠堂门额为“总旬公祠”。祠堂前有禾坪及半月形风水塘，左前方有一斗方。祠堂上堂正中为祖宗神龛，下有龙神伯公。据报道人讲述，王姓每年到祠堂祭祖三次，一是大年三十下午，二是五月初五端午节，三是七月半。另外，正月十五要到祖公的坟地去祭拜。

4. 王氏宗族的祖先崇拜

王氏宗族不仅建立的祠堂众多，而且非常重视祖先崇拜。其表现之一是重视对远祖的追述。宗族不仅每年要到福建武平去祭祀扫坟，而且在宗族内按照房份分摊在武平设立尝田的费用，以此确保到武平祭祖这一重大典礼不会荒废，这充分体现了族人“慎终追远”的报本思想观念。清康熙三十六年（1697），《梅县松源王氏族谱》内对宗族内各房出资设立置办尝田的摊派以及到武平祭祖的规定有详细记载：

先置尝田各出分赀开列于后：王玉璘公出银一两，王诰公出银一两，王监公出银一两，王昌公、盛公、丰公、荣公共出银二两，王葵台公出银一两，王月台公、仔万公、能德公共出银二两，王勋奕公出银四两，王仪贞公、惟立公、秀松公共出银一两，王仪宁公出银一两，王奕纪公、奕震公共出银二两，王辅臣公、瑞翔公、雅言公共出银一两，王嗣昌公、士林公共出银一两，王仪公出银二两，王念二公、念四公共出银二两。以上共银二十二两，除买纸银二钱五分，去武平祠堂交银二十一两零五分，过平正码实银二十一两，又补上武平祠堂银七钱以凑足各出分赀之数，实交去祠堂收领银二十一两七钱正。一计康熙八年十月三十日买得武平本家三锡禾税四十秤田租一处，土名万安木顿里，带粮米一斗八升，每年纳谷七石六斗，另又买西门外白石垅芙蓉寨田税一十秤，载米五升，每年纳谷二石八斗，又买西门外祭角并坎下共田税一十六秤，载米五升，每年纳谷三石二斗，又买南门外石桥下并中厢坝屋背田税一十秤，载米五升，外田皮一秤，每年纳谷二石二斗，又买蓝塘门前虾上田税一十八秤，又荒里田税九秤，载米一斗三升五合，外田皮三秤，每年纳谷四石六斗，又买万安镇钓鱼坑田一十秤，载米四升五合，每年纳谷一石九斗，其后买之田未曾计入。

一上武平祭祠扫坟出银四两者每年一人，出银二两者两年一人，出银一两者四年一人，五钱者八年一人，三钱三分者十二年一人，往回盘费自带，不得混规，多拥致劳。

一每年编定上武平祭祠扫坟之人，查有一名不到者，罚银一两付祠公用。

一每年祭祠祭坟之期于清明前两日起程至祭祠期来到。不许早到祠扰乱，祭毕即回，亦不许久住祠内多扰宗族。

一或合祭祠堂坟墓，不论有尝分无尝分，不论出银多寡，领胙不得混规。

一初年玉璘公、宪章公、勋奕公、仪宁公、仪公。第二年监公、月台公、勋奕公、仪贞公、奕纪公、念二公。第三年宪章公、葵台公、勋奕公、辅臣公、仪公。第四年瑞翔公、仔万公、勋奕公、念四公、奕震公、嗣昌公。周而复始。

在王氏宗族发展史上，三世祖贵荣公是一个举足轻重的人物。主要表现有二：

一是族人认为贵荣公的风水最好。其风水名为“仙人献掌”，关于该风水的赢得有一个传说。据说松源王姓在“仙人献掌”处修建三世祖贵荣公的坟地，初时风水先生取穴在脉门之处，正在建坟时，有一位明师先生恰好路过，并且在路上碰到一个给修坟的石匠送午饭的宗族内妇女，明师向妇人讨水解渴，这位妇人见是一个老人家，大发善心，便把带给石匠喝的黄酒给明师喝。明师很是感动，便问妇人去干什么，妇人便把修坟之事一五一十地告知明师，明师便亮明自己的身份，并随妇人来到坟地，观察一番后发现坟穴取偏，应该取掌心穴而不应取脉门穴。他便向主家说明原委，说如果取脉门穴便如同掐住了一个人的穴道，那么对于一个宗族来讲，便得不到发展，相反，如果取掌心穴，这个宗族便容易像手掌一样伸缩自如，宗族的发展便像五根手指一样，容易向外发展。主家一听，知道遇到了高人，连声道谢。结果该坟便按照明师的指点做成掌心形。据报道人讲，这个坟墓是松源的墓王，从风水上讲，在松源没有哪个地方的风水能够出其之右。自从建了这个坟墓之后，王姓在松源得到了很大发展。

二是松源王氏宗族在整个广东省的影响非常大，广东各地的王姓都认为自己是从松源分迁出去的，并且尊称贵荣公为始祖。《广东三槐书院词谱·词谱小引》载："我王氏本族肇发于嘉应之松源，分支于广州之增龙从诸邑。由始祖贵荣公迄今历十有八九世。四方聚族而居，星罗棋布。"增城、龙川、从化三地的王姓，还设立公尝，祭祀贵荣公。

笔者检阅有关王氏宗族的各种资料，发现贵荣公本人在王氏宗族发展历史上并无什么惊人之举。但是，宗族在他的下一代手中却得到了很大发展。《松源王氏族谱》载：

四世伯祖宗诚公，置田租一千一百石。妣朱氏，生三子，环、球、琉。四世祖宗泰公，妣邓、吴婆太，生四子，玉珊、玉昌、玉明、玉璘。祖创置田租一万八千石。粮输三省，富盖郡邑。好善乐施，广修桥路，造渡船。乌泥坑、曾家村下片、羊角水口皆造桥一座。时有西洋（阳）丘义士少孤贫，祖观其人不凡，岁给米食资助，教伊从师力学，遂托成名，后任江西按察使，即拜祖为义父，事迹载在乌泥坑桥碑上。祖生于明正统丙寅年（1446）十一月十八未时，终于正德庚辰年（1520）十月十六日未时，享寿七十五岁。

由此，贵荣公在宗族中能享有这么高的地位就不难理解了。

王氏宗族祖先崇拜最有特色的仪式是宗族每年正月二十八举行的大型联宗祭祖活动，当地民间称为"祭大牌"①。王氏宗族祭大牌的习俗始于何时，已不可考。但据报道人讲，祭大牌主要是对王姓历代祖先进行一次比较大规模的祭拜。正月二十七，王氏宗族有组织地来到福建永定半径歇人凹祭拜一世祖婆谢太安人和二世祖、三世祖；二十八日祭拜四世以下的历代祖先。据报道人讲述，王氏宗族祭大牌的经费来源于各代祖先的公尝，如王宗泰有 4 500 石谷的尝田，尝田收入除用来祭祖外，还可以用作修桥、补路等公益事业。关于王氏宗族历代祖先拥有的尝田数可以从笔者发现的下面这两份档案材料中目睹一二。②

① 关于"祭大牌"的具体经过可以参见王心灵：《粤东梅县松源镇郊的宗族与神明崇拜调查》，载房学嘉主编：《梅州地区的庙会与宗族》，香港：国际客家学会、海外华人研究社、法国远东学院，1996 年。（以下简称"王文"）

② 详细情况参见文后附录。

表 4－1　梅县松源上乡第七保国民学校基金筹委会资产一览表

［中华民国三十二年（1943）12 月 20 日　校长王仲远　主席王职成］

项目	第一目	第二目	小计
摘要	瑗祖龙山尝	菜地三块	
金额（单位：元）	20 000	500	20 500
年息（单位：元）	10 000	250	10 250
备考			

资料来源：梅县档案馆民国档案，第 1 号全宗（教育科），1938 年第 26 号卷。

表 4－2　梅县松源上乡第二保国民学校筹集基金资产资金详细项目表

项目	第一款	第一目	第二目	第三目	第四目	第五目	第六目	第七目	第八目	第九目	第十目	第十一目	第十二目	第十三目	第十四目
摘要	筹集基金	原有经常费	王成章公尝加拨学田额产伍石	王瑞章公尝加拨学田额产伍石	王云虬公尝加拨学田额产伍斗	王汉周公尝加拨学田额产伍斗	王赞周公尝加拨学田额产伍斗	龙源宫神会田产肆石	王铭丹公尝加拨来山产一处	王玉璘公尝加拨来山产二处	王宗元公尝加拨来山产一处	王家课尝拨来店产一间	王达所公尝拨来店产一间	王家课尝加拨来田产八斗八升正	杂收
金额（单位：元）	17 000	988	2 000	2 000	200	200	200	1 600	600	2 600	600	2 750	2 750	350	162
备考									山名长冈岌	山名直坑里、鸬鹚潭	山名方至底	松源新圩河唇街门牌122号	松源新圩河唇街门牌132号		

资料来源：梅县档案馆民国档案，第 1 号全宗（教育科），1941 年第 91 号卷。

表4－1和表4－2分别反映的是1938年松源上乡第七保和1941年松源上乡第二保创办国民小学时筹集经费的主要来源。当时民国政府办学还得依靠当地的宗族，所需经费主要从当地宗族的公尝中获得，从中我们可以看到宗族尝产在地方经济中的地位。

王姓十四世楚材公还在乾隆十五年（1750）设立大牌尝田，以确保本房这一祭祖活动的顺利进行。据同治八年（1869）撰写的《王氏大牌尝田簿缘起》[①] 载：

十四世楚材公捐大牌尝田簿叙。尝思捐尝奉祀，固敬祖之孝思而追本溯源。亦怀旧之至意。盖故迹掩则前贤之丰功隐。惟先烈著斯本业之长策存。缘我守华公太旧有尝田一处，坐落土名黄坑里峰下，于乾隆十年间，因镇平籍贯，欠银使用，系松源台公二房裔孙承买。松公裔分，实为居安公买受，十三年间，英公裔始备本价赎回。至十五年，十四世嗣裔楚材公乃复捐资备价赎出，永为尚仁公、守华公二祖尝业。即今所云大牌尝是也。

5. 王氏宗族传统生计

历史上王氏宗族虽然以农耕为主要的生产方式，但是宗族并不刻意将自己固定在土地上，至少从明代中后期开始宗族内部就有人从事手工业、屠宰业等活动，族谱、档案等文献材料就有这方面的记载。寺边《王氏族谱·松源开基王氏世系》中就记载了八世祖廷忠公嘉靖时期因父亲开办的铁矿倒闭而阐发的一段议论：

廷祖当时又因其父锦公营煽炉铁厂，以致亏累变业。廷祖朝乾夕惕，每念创业艰难，守成不易。婉言哉。谏劝成其监祖分授基业之志。后遂克增置屋基，创建祠宇，肯堂肯构，贻谋燕翼亦甚至矣。

同书还有一段关于九世祖诰公考中功名，准备到江西泰和县任职，因为阻止叔祖在家中厅堂宰牛而耽误上任的记载：

九世祖讳诰，立志业儒。于正德九年（1514）甲午十九岁进庠。正德十三年（1518）戊戌补廪。嘉靖十九年（1540）庚子科四十五岁出贡，入

① 载《广东三槐书院词谱》。

京游监九年，考选江西泰和县知事。祖考选江西泰和县之后，归家筹资进京领文凭赴任。适因诏伯祖名下一分之屋先自卖于上屋叔祖，常于厅宰牛，家人一其不雅洁。时有二姑适上村梁姓。归来告与祖知，顺请赎回，祖亦然之。即将进京领凭之款赎诏伯祖一分之屋，至因循阻滞，未去领凭赴任矣。

到清代，族人的经营手段更是多样化，这从下面的口碑材料中可以得到印证。

在松源，王姓建有许多大屋，这些大屋是王氏宗族在传统社会经济势力强大的体现。

圆岭村石福堂为十四世王仁文所建。王仁文死前，看到子孙建有十座大屋：松光楼、碧玉堂、少副祠、圆岭楼等。

据说王仁文很是富有。他原来在老圩开店做日用百货生意，店名叫“小铺”。其主要依靠滚雪球的办法生财。只要有人卖田，他都想办法买下。单单在松源老圩就买了36个荆蓬头。赌博鬼赌输后，连夜找到王仁文说：“叔公，我急需钱用，卖块地给您。”王仁文都满口答应，并且是先给钱。次日，王仁文去看，发现所买的都是荆蓬头，就这样一共买了36个荆蓬头。但是王仁文不介意。开始这些地方都是没有用的荒地，后来，老圩一发展，这些荒地地价直升，都成为黄金地段。因此，王仁文靠这种土地买卖就赚了很多钱。蕉岭的南北寨也有人来松源赌博，赌博者赌输了就卖田地，因此王仁文买田地一直买到蕉岭地段。王仁文当时还办有石灰窑，开有两间店，因此经济实力十分雄厚。

志远楼主人王燕喜，二十三世，祖公三代在松源开京果商店，经营木材、柴、炭、盐、米，生意做得很大。

世德堂是圆岭村的又一大型民居建筑。据族人王桓基（78岁，退休教师）介绍，世德堂是十六世公太华年公创建于乾隆年间的。华年公20岁时在广州考学堂，做生日，一叫作朱怀四的外省人来贺同年。华年公问朱怀四在广州做什么行当。朱怀四答道：“我没有钱，如果有钱就可以上京放官。”当时，华年公很有钱，慷慨地说：“如果是这样，我愿意赞助你上京放官。”朱怀四一听很是高兴，回家将此事告知夫人，夫人听后，说：“你走后，我们子哀怎么办？上京是走路，广州离京城千山万水，我们母子俩如何经受得了这般颠簸。”朱怀四听了夫人一席话，不觉又是忧心忡忡，华年公得知其中原委后，对朱怀四说：“老弟，如果你不嫌弃，姑且让弟妹到我家乡去住个三五载，日后条件成熟，再让你夫妻团聚，你看如何?”朱怀四和夫人一讲，夫妇俩自是感激不已。朱怀四了却了后顾之忧，欢天喜地地上京去了。光阴似箭，转眼间，朱夫人在王家已住了三年。朱怀四在京放官，碰巧被放到嘉应州做州官。

华年公为什么这么富有?传说旧时华年公与朋友合股在丙村开银矿，全部资本都用光了，还未挖到银矿，尔后股东退股，最后只剩下华年公一人苦苦支撑。后来资金不足，华年公将母亲、老婆的金银首饰全部典当还是无能为力，眼看就要落得个破产地步。有一天，华年公路过丙村圩镇时已是傍晚，他只得找到一个旅店休息。为银矿之事，华年公已是心力交瘁，他往床上一躺，便进入了梦乡。梦中，华年公梦见一老者对他说道："王华年，你可千万不必为银矿之事气馁，这个银矿注定是你一人所得，但是要找到金钥匙来。"华年公一听，猛地从梦中惊醒，但一回忆梦中老者之言，不觉仰天长叹，心想：我现在几乎是一贫如洗，哪儿来的金钥匙。这不过是梦中之言而已，不必当真。我还是回家想想办法，筹集资金图谋再起吧。翌日清晨，华年公便离开旅店急急忙忙往家中赶。正要走出丙村街时，见到有一小孩在卖粄，买者对这个小孩叫道：金钥匙，金钥匙，给我一个。华年公一听，联想到梦中老者之言，猛地一悟，心想：这不就是我要的金钥匙嘛！真是踏破铁鞋无觅处。于是，华年公便对小孩道："金钥匙，你过来。"小孩说："什么事?要买粄吗?"华年公连声道："要，要，全要。"小孩一听甚是高兴。华年公便问道："你家中有多少人，以什么为生?"小孩道："家中还有一个母亲，母子俩全靠做粄、卖粄为生。"华年公道："从今以后，你和你娘不用再卖粄了，就到我家帮忙烧火做饭，你愿不愿意?"小孩一听以为遇到了贵人，自是感激不尽，千恩万谢。后来，实际上华年公未让金钥匙烧火做饭，而是让他带人去采矿，结果真的发现了大银矿，华年公顿成巨富。据说，旧时世德堂横屋堆满了银锭，在"文化大革命"前都还有许多装银锭的竹篮。旧时私人开银矿是违法的，国家才可以开采，但由于有朱怀四的庇护，华年公才得以开采。当朱怀四离任时，对王华年讲："华年兄，我就要离任了，日后就不能关照你了，你要小心行事。"华年公心领神会，即刻收山不干，并在江西赣县建一大屋，也叫世德堂，怕万一东窗事发，将其作为自己的避难所。该屋与松源的规模、结构一样，请人看管，且买有几十石租谷田供看管人开支。华年公收手后，银矿转给他人开采。据说此人也赚了很多钱，且也是松口人。（按：松口也有世德堂，为李姓所建的十座大屋之一，资金的来源不详，这其中是否有联系，待考）

世德堂旧时还有很多字画，都是当时宗族内有钱人在经商过程中为了提高自己的社会地位，不惜血本，请一些文人题写的书画。可惜这些字画在“文化大革命”时都被烧掉了。

华年公发达后，极力投资家乡的公益事业，主要是大力兴修水利设施。首先是花费大量资金在九姑陂凿石建水圳，一直灌溉到新圩一带的农田。其次是出资让其叔父祥凤公经理，请五华石匠建水圳。

据传华年公上祖就很富有。上祖主要是耕田，有很多的祖尝。州城办培风书院，祖宗曾捐赠300石谷。

王氏族人不但在本地从事工商业，还远涉佛山等地经商开店。族人王超望在嘉庆二十四年（1819）写的一篇短文中就谈到自己曾祖父在佛山经商，将生意兴盛的原因归于龙源公王的庇护，还成立丛胜会等经济型众会来保证“崇祀无缺”之事：

恭维吾乡龙源公王殿下，聪明正直，足以代天施化，福被遐迩。凡居口乡而业士农工贾者，罔不享其德而报其功。盖亦准本天之义也。昔我曾祖蓉生公之商于佛镇也，字号信昌。数十年来生意鼎盛，用念人事之成，必籍神功之助。既历醵有丛胜等会，每岁诣宫崇祀无缺。①

其实，在关于松源的一些民国档案中，也有很多材料反映了有清一代当地族人发展生计所从事的行业情况。这主要表现为当地有许多经济型的众会存在。民国时期松源建国民小学时，政府在筹集资金时就谈到丛胜会、牛头会、秋季票会。目前，对这三个众会的具体情况还不完全清楚，但是可以肯定，丛胜会就是从事商业的一些商人组织的经济型众会。从前引族谱中明代后期族人就有宰牛这一类的屠宰业的记载可以推测，牛头会是由宰牛的屠户组织起来的众会。而秋季票会虽然没有相关资料来解释它的功能，但它与商业贸易应该不无关系。

二、松源族群关系与新圩的建立

在王氏宗族的周围分布着诸多姓氏，主要有蔡、张、郑、温、何、梁、吴等。王氏宗族在历史上与周边姓氏的关系主流是融合，这主要表现为王姓与这些姓氏大部分发生婚姻关系。此外，相互之间又有着冲突的一面，冲突的表现形式是禁婚。

1. 王、温两姓禁婚

官田村王姓原是横江村温姓的亲戚，温姓二世婆太是官田王氏，但因

① 《信昌隆源会簿引》，载《广东三槐书院词谱》。

两村地理位置相连，经常发生争夺山林、田地之事，后来就传下官田村王姓不与横江村温姓通婚的祖上规矩。官田王姓与横江温姓的冲突，在民国时期还于1930年被王姓利用政党之争导致了一幕惨剧。温姓宗族在这次惨剧中受到沉重打击，祠堂被烧，族人被杀，虽然最终王姓的一些别有用心之徒受到地方政府的惩罚，但是给两姓关系留下了一处不可愈合的创伤。到现在为止，两个姓氏之间的关系还很敏感，以至于温姓宗族现在还不承认族谱中记载的“温姓二世婆太是官田王氏”这一史实。关于这次温王斗杀的时间及前因后果，温姓将其刻在祠堂的石碑上，以警示后人。

温姓祠堂民国碑文

吾族祖祠自宋末开基迄今六百余载，虽遭回禄两次，主牌俱获保全。不料民国十九年庚午五月十五日下午三点钟被本乡土劣王文石因籍民团局长于四月十六日架名搜共入村焚劫枪毙家众一名，烧去房屋三十余间，经本族呈控被革。遂挟恨寻仇，复于是日纠合王郑两姓比良分子及兴宁、长乐烧炭无赖共千余人降拥到村，族中人少寡不敌众，相持至下午五点钟，抵御不住，遂被入村焚杀掳掠。见屋放火，逢人便杀。被烧去祠堂四座，房屋百余间，杀毙人命十四条，钱财衣物一扫而空。围内四本堂、喜从堂因天已黑去不及，则幸免，而老祠堂烧去上堂及左右副屋厢房，牌位神龛一切俱为灰烬。共锦堂烧去上堂及左右正间，而左片横屋烧去一间，沿及上下相连。此时，家族学校设在该处，校具一切俱被烧去，牌位神龛亦俱为灰烬。坝里丁二公祠及坎下诏发堂亦被烧去，幸天理不容，五点钟入村后忽雷电交加，大雨倾盆。天黑时贼去而火始熄。不然横冈一族则片瓦无存矣。本夜人多星散，越日族中父老电禀交驰，随即派人上梅县面禀县长，迨至二十二日，官长到来勘验，人始逐渐回来。当时满目疮痍，见者莫不痛心疾首。后再禀报香翰屏师长及省政府将贼首王文石执行枪决，大冤始得昭雪。兹者堂构重新。因本祠原无的款，除粮丁烟户科派及本祠堂尝会停应外，热心人亦多踊跃特别捐题，兹将捐题人名胪列于左，略述始末俾后人得以查考焉。

30元：仁彰

20元：玉彰、福堂、培崧、福全、祥鸿、初平

15元：培深

10元：肇伦、鸿恩公裔、社堂、王发、学增、策廷、渐南、锯星、乐邦、镜仁、鸿宠、秉禧

5元：玉广、玉祥、广成、培馨、义彰、星史、锡朋、日彰、贵邦、

锦凤、肇英

4元：荣春、殷禄

2元：肇口、培荫、玉堂、锦章、寿廷、政初、蔚廷、钦先、尚德、具邦、产珍、树屏、殷成

1元：宝珊、云欢、达轩、殷守、达珍、宏清

民国二十年（1931）辛未十二月吉日立碑

2. 寺边无郑不成家

松源王姓与郑姓的关系最有意思。郑姓与寺边王姓只有一河（松源河）之隔，郑姓原是松源的望族，郑姓族长郑三山，号称郑霸王。传说郑三山生性蛮横，且武功极高。周围村庄惨遭其害，又奈何不得。旧时寺边王姓每年在祠堂祭祖时，刚刚摆好祭品准备祭祖，郑三山就会从天而降，将王姓摆好的祭品席卷一空，扬长而去。但是寺边王姓又喜欢与郑姓通婚，两姓之间有许多儿女亲家。随着时间的推移，发展到后来，两姓之间形成一种风俗：每年端午节，两姓族人都要在各自村庄的河岸往对面扔石子，直到有人被石块打得头破血流，才肯罢休。然后两姓族人又会到新圩上去找一个小饭馆，三个一群，五个一伙，喝酒聊天，完全没有先前的敌对气氛。因此在寺边有“寺边无郑不成家”的说法。

3. 新圩的建立

在松源，何姓为第二大姓，何姓主要居住在五星村的瑶福、坪上、尖山、蕉岭下，现有5 000人左右。何姓发源地在江淮流域的江苏和安徽一带，为江苏的东海和安徽的庐江、合肥望族。据梅县《何氏族谱》、《庐江何氏族谱源流・序》记载，始祖何大郎，安徽庐州府庐江县人，生于唐昭宗景福元年（892），后梁贞明五年（919）中进士，时年28岁，后选授福建汀州宁化县尉。至后唐明宗天成元年（926）任满解绶，遂定居宁化县石壁村。次年，从宁化往潮州程乡县，往返于武平岩前，嘉其地美可居，遂由宁化石壁村迁居武平岩前。传六世孙发伯一郎，由上杭中都迁居梅县松源，为松源开基一世祖，生九子：长子千一郎住瑶窟（福）井下坪；次子千二郎移居松源何岭；三子千三郎移居福建永定；四子千四郎住松源乌泥坑；五子千五郎住松源，后裔移居石扇；六子千六郎移居蕉岭；七子千七郎移居石扇，其后裔迁居五华龙村、半径；八子千八郎移居锦村；九子千九郎住松源。松源开基祖一世传十三世何乐善，元末由乌泥坪迁居松东乡。现在松源何姓已经传至三十二世。传说发伯一郎来松源开基，是带着

观音神像来的。松源《何氏族谱》（手抄本）载：松源开基始祖六世祖伯一郎，字辛万，讳发，有来苏六十地，即今之中都蛟塘迁至梅县松源老圩开基。妣雷、曾，雷生四子，曾生五子。据传旧时发伯一郎来到松源先到松源坪下察看，发现这个地方不错，就回到上杭搬家眷，等回来后发现王姓已经先到。据说何姓来到松源后，附近的赖、曾、雷等姓经常破坏何姓，何姓养的鱼被偷，种的香蕉被摘砍，经常被搞得不得安宁。何姓与郑姓不通婚。禁婚从清代乾隆年间开始，原因在松源《何氏族谱》中有记载：

十九世祖成生公，葬东山尾，倒地幢幡形。原葬金牌。因当时我祖薄有家产，彩山下土匪郑三山号称霸王，专以打家劫舍掳人勒赎。公被掳时，诸儿尚幼，一时未与之妥协，竟遭毒手，公本肥胖，肚脐又深，被将生油放入脐内，内用火燃烧，惨死贼巢，尸首无可收葬。故谥侃毅。留为后人纪念。故此誓不与郑缔亲。

松源王姓与何姓两大族群的关系最为突出。两姓之间一方面是融合，即相互之间有通婚，另一方面是作为两个地方大宗族，几百年来双方一直在如何树立地方权威、确立自己的地方领袖地位上明争暗斗，以提高自己在宗族发展中的竞争力。新圩的创立便是这种竞争的产物。

据《新时代梅县地理教科书》载："蕉岭甲有平围圩，塘边甲有怀仁圩，水口有桥市。"松源的圩市始于清代，先有蕉岭甲的平围圩，即现在五星村的老圩，该圩的圩期为逢三、六、九日。关于平围圩的具体创立年代已不可考，但是从清代松源王氏宗族族人王利亨于1800年撰写的《建五星桥碑记》中可以发现，平围圩的设立是因为其居于闽粤交通枢纽的有利地理位置。

五星平围圩为闽粤通衢，上则闽之鄞江与漳泉诸郡，下至韩江，横达惠阳，皆以此为总会……且吾乡生齿日繁胜于都会，一陬一麓比如栉口。独平围一区土平地广，远而望之，炳如缛绣，展若剡藤。日中为市，贸易而退。本乡各郡来兹地者，连衽成帏，挥汗如雨。停眙骈口杂沓纵萃洵得所也。

但是平围圩到后来日渐衰落下去，最终为后来设立的新圩所取代。据报道人讲述，平围圩设立后，由于处于何姓境内，因此一直为何姓所控制。这种情况对于其他宗族的发展很是不利，于是其他宗族千方百计想插足进来，无奈师出无名。但是由于平围圩位于三条河流交汇之处（中隔一溪，源会之流，一自闽之武平而来，由石寨回复旋折而南，一自镇平南寨乡澶漫纡徐而东，一自本乡之蛟子峰奔湍驮激而北，泉水交流，虽无沟泊池飏，訇相逐之势而冲涛旋濑大澜小沦），这种地理形势，为当地发展商贸提供了便捷的交通。但是，河流过于密集，也容易引发水患。每年春秋季，河水上涨，给当地发展各种商业活动带来了诸多不便（淫霖挟日，流水淼弥，长途口足之子，惊心望洋，即望衡对宇者亦伤于断岸之千尺也）。在这种情况下，松源的一些宗族在平围圩建桥设渡，将宗族势力延伸到平围圩，先是郑、曾二宗族参与进来（1661 年，即清顺治十八年，郑炳初公好义乐善，自建木桥，其子孙相继修复，动费多金。越康熙癸丑公元 1673 年，合乡议设添福渡，买渡田，曾竹村公皆捐田以襄成之桥渡）。到了嘉庆年间，王氏宗族也参与进来（于是王君达世暨合乡绅耆询谋佥同，欲植石架木，以图巩固），建成一座石桥。但是王氏宗族联合合乡绅耆在平围圩建石桥，决非仅仅是将宗族势力向五星势力范围渗透，而是为日后开辟新圩做准备。果然，清嘉庆辛酉年（1801），即建石桥的第二年，王氏宗族就设立了新圩，史称“怀仁圩”，即现在的松源圩。据说王姓设立新圩的原因，是王姓乡民到平围圩赴圩时经常受到何氏圩霸的欺负，为了免于受欺，更主要的是为了繁荣本族的经济，发展商贸。但是平围圩是当时官方承认的圩场，加上新圩的圩址与平围圩的距离不到 5 华里（从五星石桥经过），当时嘉应州规定，一般两个圩场的设立至少应该相距 20 华里，要在如此近的距离内设立两个圩市按理来说是不可能的。但当时恰好王利亨受封翰林，在嘉应州有相当的影响力。王利亨便绘制了一张地图，并在地图上做了一点手脚，使平围圩到新圩（怀仁圩）的路线图不经过五星石桥，而是绕道福建洪山乡的田子村，再经过东王村、青塘村至松源新圩，这样两圩之间的距离就超过了 20 华里，从而达到了设立新圩的要求，得到了官方的批准，达到了开设新圩的目的。按理说，新圩的圩期与平围圩的圩期错开才符合市场互补的原则，[①] 但是事实并非如此，新圩的圩期也和平围圩的一样，同为逢三、六、九赴圩。很显然，新圩的建立并非市场发育的结果，也不符合市场经济原则，而是王、何两个地方大族争夺生存资源，寻求宗族发展动力的产物。从这个意义上讲，传统社会的圩市很大程度上是地方强宗大族竞争的体现。

---

① 关于这一点可以参照施坚雅（Skinner）的市场体系理论。

三、宗族神明崇拜与龙源公王信仰

松源镇俗民崇拜的神明比较多,① 但是归纳起来在整个镇普遍为俗民所信奉的主要有伯公、梅溪公王、龙源公王。②

（一）伯公崇拜

在松源民间非常崇敬伯公，伯公坛在路头路尾、桥头树下随处可见，甚至在一些树下，人们也立一块大石头作为伯公祭拜，俗民就称该树为伯公树。这一类伯公树在松源很多，树种则不一，有榕树、松树等。民间流传着许多伯公保佑俗民的故事。如九姑陂有一条小河，河上有一座桥，桥旁有一伯公坛。据报道人介绍，曾经先后在该地发生过两次事故，但都没有出现意外。事故一：旧时有一满田村妇肩上扛着犁耙，牵着一头牛从桥上经过，当时这座桥是独木桥，由于是雨天，路面十分泥泞，桥又十分窄小，村妇不慎连人带犁耙、牛一并跌落河中，但是村妇安然无恙。事故二：近年来独木桥已改建成水泥桥，有一拖拉机手驾驶拖拉机满载一车瓦从桥上经过，由于方向盘失灵，连人带车翻落深坑，却也是平安无事。事后，车主母亲认为是伯公显灵，遂备好三牲到坛前酬敬。总之，在松源民间这种传说很多，足以说明松源俗民对伯公的崇拜程度。

旧时，松源的一些神明众会还会每年选定一个时间到老圩去祭拜伯公，这从笔者发现的一篇题为“老圩伯公祝文”的文中可窥一斑。该祝文为清代王姓的一个廪生王模所写，祝文写道：“恭维上座，惠加松堡，福庇平围，权归大握，柄有专司。义昌在昔，八伙同祈。谨陈牲礼，载献亭墀。以妥峄侑，有网有维。万年食德，振古如斯。”从这篇祝文中可以看到，当地俗民将伯公当作松源各地的福神加以顶礼膜拜。

一般来讲，松源各地的伯公坛都是一个 1 平方米大小的简易小庙，而且在小庙中供奉的伯公神只是在一块石碑上写上“本境福德伯公之神位”

① 关于松源镇神明崇拜的概况可以参照“王文”。

② 之所以这样认为，是因为在松源信仰伯公、梅溪公王、龙源公王的人最多，而且在旧时，当地还专门成立了伯公会、梅溪公王会、龙源公王会及其他相关的众会组织来保证对三位神明的祭祀活动。

字样。但是在五星村坪上自然村的何姓民居东兴楼①中供奉的伯公却较为特殊。在该楼的楼厅供奉着客家地区比较流行的伯公神位，但是这个伯公神位既不是一个香炉，也不是一个画像，而是一个栩栩如生的伯公神像。

（二）梅溪公王崇拜

松源的梅溪公王庙大部分做成一个小屋亭，亭内放一石头。三月十六日是梅溪公王的生日。旧时在松源各个村落都有许多梅溪公王会这种众会组织。众会的大小不一，由信众自愿参加，会员用交纳的会费购置会田，租给人家耕种，每年收取的租谷主要用于敬公王。敬完公王，俗民即在公王庙的周围起炉灶聚餐。

松源的梅溪公王坛主要设立在靠近村境的溪流处，据松源文化站站长王心灵先生统计，全松源共有 32 座梅溪公王坛。梅溪公王坛建筑非常简单：一个小神坛，坛内立一石碑，坛的旁边有一烧纸宝的纸库。坛的碑文与对联大同小异，通常碑文是“敕封梅溪安济公王”，对联是“梅坛福地神庇万民，溪水长流五谷丰收”。村民祭拜梅溪公王的时间主要是春节、端午节、七月半和三月十六日，一般每年这个时候各地村民都会去祭拜，属于集体行为，且较为隆重，祭品也较丰富。平常也有人去拜，但主要还是初一、十五为多，祭品简单，且属个人行为。

关于梅溪公王的来历，当地人认为，梅溪公王就是王梅溪，旧时在嘉应州当州官。有一年适逢发大水，眼看水灾越来越严重，王梅溪为了感化水神，决心以自己的身家性命平息洪水来换取全州人的幸福，于是便跳入梅江②之中，洪水立即退却。庶民为了纪念他佑民之功，便在各地立坛祭祀，称曰“梅溪公王”。

---

① 何姓东兴楼位于坪上村，当地人称之为“土楼”。据该楼老人介绍，该楼是唐末五代初期的民居建筑。何姓在此楼内居住已有三十四代之久，而在何姓居住之前，还有熊、李两姓居住在此。该楼的建筑材料极为简单，横、直向外围墙体底宽为 1～2 米，高 2 层楼面，夯筑内外墙体都没有夹用墙筋的迹象，没有向外开的窗户。其行桁槲木料古朴坚实，未施漆料。楼上四周皆以木挑承托，连成走马楼式的内骑栏游路。整座大楼呈长方形，直向长 43 米，横向长 325 米，仅开启前、后两门。内置楼、地两厅，地厅为出入处及梯排位，厅宽仅 20 平方米，凡屋中老人百年“归仙”时，均在此停放，做孝成服，出柩还山。另无别的廊厅。楼、地两层共计房子 108 间，其中楼 36 间，地 72 间。以地下层四周房门口的檐唇为游路，遇婚丧大事均在周围游路上摆酒席。在屋内中央空地设置矮小杂屋两行，每排杂屋中间都用小土墙分隔成两半，有厨房、浴室，每个小浴室有四块大小不一的洗澡石墩。据该屋长者介绍，它是以上、下、男、女辈分就位，不得混用。此外，还有圈养家畜的圈栏。

② 梅江为梅州的主要河流，其支流遍布州属各地，松源境内的松源河就是其支流之一。

（三）龙源公王崇拜

在松源，俗民对龙源公王的崇信简直到了无以复加的地步，主要表现为松源各姓每年都有做秋的习俗（为松源最隆重的民间习俗），这一习俗中一个不可或缺的内容便是扛龙源公王到各个村庄去游行。①

1. 龙源宫的创立及重建

龙源宫位于松源镇郊圆岭村与满田村之间，处于王姓宗族的居住范围内。该宫庙为一上下堂结构，下堂正中供奉天神。据当地人介绍，本来天神供奉在宫门外，但因为后来在宫前开通了松源通往蕉岭、梅县的公路，使得宫门紧挨公路，行人、车辆十分多，才将天神移入宫中。上堂正中神龛中供奉着龙源公王，一共有十个神像。龙源公王本来是三兄弟，因此应该是三位神明，但是因为龙源公王崇拜在松源镇十分流行，每年立秋前后松源各个姓氏都要将龙源公王抬到各自的村中去游行，常常因为争夺公王神像而发生争斗，因而从原来的三尊公王像变成九尊，即每位公王有两个化身。又因为，旧时每年秋收过后，公王都要出去化缘，因而又增加了一个公王来行使这个职责，原先的九个公王加上这个公王刚好是十位，所以这个公王又称“十满公王”。神龛的左边是千里眼，右边是顺风耳。

龙源宫正门门额上书“龙源宫”三个大字，左边落款“康熙戊辰年缘首王次吉立”，右边落款“缘首岁进士吴士楫”。门口有一个小门楼，用两根石柱支撑，柱上刻着一副对联，上写“文经武纬声施广，护国庇民勋业隆”，落款是“乾隆癸巳阳月之吉，圆岭沐恩王癸台、王月台嗣裔敬奉”。大门长联：“宋元明清合父子二世庙貌并乾坤永奠，神圣文武联兄弟三人威灵偕日月长辉。”门框对联：“绩著累朝遗泽远，功覃众庶戴恩深。”落款：“清乾隆三十八年癸巳孟冬之吉，沐恩东山里人张云乔、张立三嗣裔仝建。”（注：东山为今金星村）下堂一对石柱三面刻有对联，分别为“精忠一代千秋颂，恺泽无疆万里沾”，落款“沐恩黄万一嗣孙盥手敬题，清乾隆三十八年癸巳孟冬部上黄万一尝建”（注：部上为今蕉岭南礤）；“同力同心同助国，允文允武允安民”，落款“沐恩王赞廷嗣孙敬题，清乾隆三十八年癸巳孟冬田心王赞廷尝建”。上堂两石柱，其中一柱刻对联“勋登凤阁威声震，灵耀龙宫惠泽绵”，落款“旨乾隆三十八年癸巳孟冬之吉义昌行奉勒，沐恩弟子信生陈文、信官张雯、信生陈应京、信生陈钦文、信士张炽焕、郑汝银、王紫霞、王升院仝顿首拜”。另一柱刻：“沐恩桥背

① 详情参照“王文”。

信庠刘晃嗣裔、信生鸿展、瓒魁等敬奉，乾隆三十八年癸巳孟冬之吉沐恩郑山下郑郡泉嗣裔仝勒。”上堂右侧悬挂一口生铁大钟，上写“风调雨顺，皇王万岁”八个大字。钟上还有几行小字：“潮州府程乡县松源一图龙源宫欠大钟一座，重二百一十斤，在于龙源宫永远奉神祈保合坊众姓家门清吉，人口平安。缘首王主贤、王一凤。万历四年丙子吉月立。”据庙祝介绍，这口钟按照现在的重量为252斤。

从龙源宫内大钟上的铭文所反映的内容和石柱上镌刻的文字来看，龙源宫的建立应该不会晚于明代万历四年，即1576年，此后经历了两次重修，一次是康熙戊辰年，即1688年；一次是乾隆三十八年，即1773年。据说刚开始时，龙源宫内全部是木结构，到第二次重修时才将宫内的木柱全部换成了石柱。关于龙源宫修建的详细情况已不可考，但是现在宫内还保留了一些乾隆三十八年（1773）重修龙源宫时记载捐款人或组织的石碑——《修复龙源宫神像捐题银钱芳名碑》①。从碑文的内容来看，参与捐修龙源宫神像的信众以松源王、何两姓为主，此外，还有当地的一些其他姓氏。碑文内容还涉及一些民间机构，如众会、商号。这些众会主要是一些民间的神社会。有些神社会涉及具体的地名，如瑶福堂转宫社、尖山下接神社、白叶畲太平社、蓝源畲合村四季神社等。此外，还有一些不知具体地名的神社会，如协成社、新社、公王社、祈福社、元宵社、福首社等。另外，还有一些商号参与进去，如添福渡昌隆等。

2. 龙源公王的来历

龙源公王的原型是三兄弟，分别为大相公王、二相公王、三相公王，生日分别是正月初八、二月初一、六月十四日。旧时每年冬天都要做福首，用三牲祭祀公王。扛公王则有三次：正月十五、八月十五、十一二月。

关于松源祭拜龙源公王的缘起，在一些文献资料中有载。康熙《程乡县志》卷8《杂志·宫观》载：

龙源宫，在县东北二百里松源。其神姓钟，武平人。相传宋朝兄弟三人同助国，经敕封，乡人立祠祀之。一日，洪水漂三神像至松源，乡人即其地立宫，敕封龙源助国之神。祷雨祈福，无不立应，称灵赫云。

---

① 由于年代久远，这些碑已经很不完整，据说原先有十多块，现在只剩下四块，且字迹相当模糊，笔者费了很大力气才抄得一些人名、组织名称，故此未能将碑文内容全部记录下来。

松源《丘氏族谱》中又载：

龙源公王系福建武平县象洞钟姓人也。其祖名尚，配妻郑氏，生山、岱兄弟，俱好施乡里。无衣食娶葬者皆仰为之。山配妻李氏，生友文、友武、友勇，即今龙源公王是也。岱配妻刘氏，生友盛。山公早卒，惟岱公殷勤育子侄读书，四人皆饱学秀士也。宋英宗治平四年（1067）友文与友勇同登进士。宋神宗熙宁三年（1070），友武登进士，友盛己酉中武举人，后早卒。友文官御史，友武官大中丞，友勇官光禄寺监厨使司，赠山公为文林郎，赠岱公为崇义公，即今叔公太钟十二郎是也。山公、岱公之妻赠封大夫人。宋徽宗建中靖国三年（1103）著厥神威，共熄五凤楼之火，立功嘉丕。续因封助国公王。金人大举入寇，显圣协力助战，并败金虏兵，进封王（公王）。

松源民间的口碑传说也印证了以上记载。[①]

以上资料显示龙源公王经历了一个从儒学之士转化为水神，再上升为公王的演变轨迹。

3. 龙源宫的管理

龙源宫内没有住庙的僧尼，有史以来一直由俗民行使管理权。过去由居住在附近的廖姓管理。廖姓原先在松源的大黄砂，因上祖在龙源宫附近做船帮，后来为了谋生的方便，迁到龙源宫附近居住，现在已经七代了。关于龙源宫的管理，原先王、何两姓对于宫庙的管理权争得不可开交，后来双方相持不下，取了一个折中的办法——将宫庙交给廖姓看管。1950 年龙源宫神像被毁。“文化大革命”时评定阶级，由于廖姓长期担任龙源宫庙祝，被认定为剥削阶级一类，现在谈起来，廖姓族人还心有余悸。现在龙源宫主要由圆岭村与满田村的王姓族人管理。

旧时龙源宫的庙祝每年要背着十满公王到乡下去收香谷，收来的谷物除用作宫中的日常开支和庙祝的生活所需外，余下的用来买田置地，因此龙源宫有许多宫产。这些宫产一直到民国时期还存在。1941 年，当时松源上乡第二保国民学校为了充实学校的经费，就曾向地方政府提出“将本乡第二保属内龙王庙会田产准予拨归本校管业充实基金”的呈请。[②]

4. 祭祀龙源公王

旧时龙源宫的庙祝每年要背着十满公王到乡下去收香谷，范围很广，

① 详情参见“王文”。

② 梅县档案馆民国档案，第 1 号全宗（教育科），1941 年第 91 号卷，具体内容参见文后附录。

除下松源本地外，还要到蕉岭的南北寨、蓝坊、蕉城，福建的武平象洞、上杭中都、永定洪山，梅县的隆文、松口、桃尧、黄沙等地。可见龙源公王的信仰圈很大。

（1）神明众会与龙源公王崇信。旧时龙源公王崇拜很是发达，最突出的表现是围绕祭拜龙源公王，成立了不同形式的众会组织。据笔者调查所知，与龙源公王有关的众会有龙源宫神会、龙源公王会、公王会、龙源公王落马会等。此外，还有不少众会虽然没有冠以龙源公王会的名字，但实际上是行使祭拜龙源公王的职能。如八伙社、信昌隆源会就是不同姓氏的人群联合起来，设立众会来祭拜龙源公王。所谓“八伙”就是不同姓氏的八个人组成一个众会。族谱中就记载了八伙社正月二十祭祀龙源公王的一篇祝文：

八伙社正月二十祀龙源公王祝文

恭维殿下，有经有纬，乃圣乃神，一乡笃祀，万姓同春。义昌旧典，正月芳辰，具兹牲礼，用效藻频，历年虽远，致敬如新。伏祈歆享，永锡遐龄。

祝文中还注明了这八个人的名字及其所在的村庄，他们分别是陈文晋、文旭（左槐坑人），陈福有（松口人），郑元龙（彩山下人），张云龙、作松（塘边甲东山人），王必捷（黄坑里人），王鸿图（径口窝里人）。

族谱中有一段关于在佛山经商的松源族人先是创办丛胜会等众会组织，后来又成立信昌隆源会来祭祀龙源公王的记述。[①] 为说明问题，现将这段文字引述如下：

物本乎天，人本乎祖。报本崇源之思，不可一日忘也。恭维吾乡龙源公王殿下，聪明正直，足以代天施化，福被遐迩。凡居口乡而业士农工贾者，罔不享其德而报其功。盖亦准本天之义也。昔我曾祖蓉生公之商于佛镇也，字号信昌。数十年来生意鼎盛，用念人事之成，必籍神功之助。既历醵有丛胜等会，每岁诣宫崇祀无缺。迨后中辍，叔与兄念信昌乃祖父世业，后人衣食之源，实本于此，不可不以复。夫人惟不忘乎本，则必推类而尽其余。子曰资于事父以事母而爱同，又宁敢忘乎。母止所自出哉。爰合外祖从舅等共复信昌生理。夫人事不无兴废之殊，而神功要无始终之间。有况合两公之遗矩，不思有所籍以传。岂有当于报本崇源之意哉。用

① 《信昌隆源会簿引》。

将余资，谨权子母，本年秋约计会资。可以每岁崇祀无缺。乃卜吉起会。而诸舅不以愚简陋，属为之引。窃年当日合伴生理，皆出敦本崇源之意。而所祀有实龙源公王。可即名之曰信昌隆源会。

嘉庆二十四年己卯岁九月初十吉日后学弟子　王超望敬撰并书

这段文字虽然主要是讲信昌隆源会产生的缘起，但是从中可以看出族人对龙源公王的信仰之虔诚。

（2）做秋与龙源公王崇拜。松源在历史上有做秋的风俗，旧时，每到做秋时节整个松源镇十分热闹，松源各个乡村的宗族都要将龙源公王抬到各个村庄去巡游，做秋可以算得上是松源镇最大最隆重的节日活动。现在松源镇做秋的习俗还被保留下来，不过已经没有了公王出巡的活动，但是在当地民众的心目中，做秋仍是他们极为重视的节日。松源镇属各个乡村做秋的时间不一，不过从立秋这一天就都开始进入做秋的时节了。2000 年 8 月 4 日笔者在松源进行田野调查时，恰巧碰上龙源宫附近的满田、径口、金星、寺边王姓做秋，有幸目睹了这一盛况。现在松源过做秋这一节日主要保留了两个活动内容，一是祭拜龙源公王，二是做秋的主家盛情招待自家的亲戚、朋友。祭拜龙源公王有三种方式：第一种还是属于比较传统的方式，即人们挑着祭品到龙源宫去祭拜公王；第二种是到各自村庄的伯公庙前去祭拜；第三种是在各自村庄的某个公共场所祭拜。如径口村有一棵大榕树，当地信众经常到该处纳凉休息，同时信众还认为这棵榕树所在的地方是这个村庄的风水宝地，因而做秋这一天有许多人到这里来祭拜龙源公王，用硬纸做好龙源公王的神牌，上写“敕封护国龙源公王之神位”，将这个神牌放在大榕树下，然后在神牌前摆好三牲祭品，焚香祷告，虔诚祭拜。因此，这一天在做秋的村庄可以听到此起彼伏的鞭炮声。

参考文献

［1］《松源王氏族谱》，乾隆三十六年（1771）。

［2］房学嘉：《从民间信仰等看族群互动——以丰顺县汤南罗氏宗族为例》，《客家研究辑刊》1999 年第 2 期。

［3］王铭铭：《社会人类学与中国研究》，北京：生活·读书·新知三联书店，1997 年。

［4］房学嘉：《梅州地区的庙会与宗族》，香港：国际客家学会、海外华人研究社、法国远东学院，1994 年。

【附录】

武平尝谱引

（载乾隆三十六年《松源王氏族谱》）

粤稽古世家凡子姓繁衍俾昌俾炽者，莫不有佑启后人者为之前焉。其勒修烟祀孔惠孔时，又莫不有奉先思孝者为止后焉。莫为之前，虽美弗彰，莫为之后，虽盛弗传。从古已然。今愿为之前者，从乎合者也，从乎合者，其后不能不分。为之后者，从乎分者也，从乎分者，其始末未尝不合，未尝不合者，万殊之由于一本也。不能不分者，一本之散为万殊也。予家自元仁入蜀来庐陵，散处四方，愈衍愈盛，未易殚纪，独流传于汀之武平者，由始祖均德公以至以政，祠堂具在，坟冢犹存。自庚戌来鸠族合祀，顾祀则祀设，无以定其祀之之期，又不备其祀之资，人情不一，隆杀无常，何从奉醴以告苾芬，奉牲以告博硕也。虽筐□可荐，频繁可羞，殆非后裔所以光俎豆而康先灵也。夫孝子事亲与仁人享帝，载在圣经，是以雅言之矣。轮祀蒸尝于公，先王商颂。又曰顾子蒸尝汤孙之将古人之笃于蒸尝也。如是爰是谋诸族人，共置田以为蒸尝，以供岁祀，非独雨濡露降，不致贻列祖怨恫。亦以见从乎合者，不至于分，从乎分者，仍归于合。斯一本之散为万殊，万殊之萃于一本也。岂令莫为之前，虽美弗彰，莫为之后，虽盛弗传也哉。谨援笔而为之序。

康熙甲申年春王正月谷旦松源嗣孙沐手书

松源王氏族谱引

（载乾隆三十六年《松源王氏族谱》）

尝谓木本厚而枝叶盛，流泽永而水源长，人之有祖亦然。但知有祖而不知有合族来乡之始祖，即知合族来乡之始祖，而不知有上世年远之祖。木本水源之思，溯其系之所自出，有所传疑者，俟后人之退详可以考信者，存先世之纪载。按王氏系出高辛，元妃履迹生弃，三十六世至周灵王大子晋又多世，生琼，琼生遵业、广业、延业季和仕于隋唐，后散四居。是季和以上据勋猷之奕，奕考信于往古，季和以下寻世派之份份传疑于来。今阅庐陵谱上无来历。唐末有该公，历宋三百年至十世有充公，又九世有继宗可考信矣。犹有传疑者。庐溪公甲第人文，清风俊节闻天下，年高德劭沐皇恩，考其前后止有祖曰祥，父曰爽，子曰邮，余无纪载。旧谱云庐溪与充公抄录参差，诚参差也。继宗及惟惠世派井然，诚井然矣。继宗生伯一，一生均德，德生万九，九生仲七，七生以政，政生惟惠。说者谓松源伯五郎即惟惠。惠生下念四，夫念四乃来相宅于松源之始祖也。念生千八，八生贵荣，荣生宗诚、宗泰，以下在乡号有七户，在县号有四里松洞。比屋联居，烟火千家，骎骎昌大，非始祖有余荫不至此，非始祖以有列祖之余荫亦不至此，非始祖以上更有远祖之余荫亦不至此。我王氏子孙欲知己祖及知各房之祖，欲知来乡合族之始祖及知上世年远之祖，舍谱何以稽考哉？今而刊刻垂久，其以会合宗族者于斯，分昭穆者于斯，尊祖敬宗者亦于斯。

谨序

康熙三十六年丁丑岁仲秋月谷旦嗣孙瑀撰书
嗣孙生员泰坤编定

嘉应州城王氏祠堂序

（载乾隆三十六年《松源王氏族谱》）

维梅州人文一秀区也。东连百粤，祥光披五岭之霞，北界八闽，异彩濯三溪之锦。薯田孕瑞，代产伟人，花甸钟灵，夙传胜地。金山悬彩笔，绘锦绣于宰相坪中，仙嶂散琼花，簇文章于状元洲上。验菁华之所结，信吉壤之非诬，以故凌风楼外祠宇连云，处士庐边，堂阶砌玉。我王家四玉名家，三株望族，代传既远，支派攸分，序昭穆于武杭之地，蛟湖发汀水源流，联族姓于潮广之间，桑浦接珠江瑞气，明烟假庙祀事孔明，合族联宗，惟梅尚阙，欲继三槐旧第东城之庙建犹私用，宏累叶鸿图，北阜则坤灵独萃，相协厥居卜云其吉。维岁会光纪之年，适月当仲春之会，爰购名家基址，肇修王氏宗祠，详绘为图邮传八晋冈峦归尺幅，灿若星罗，形势备缄封燎如米聚第，见南坐坤舆旺势，北拱大乙圆方，左以横塘夹脉，右有曲沼疏流，两界归垣，一池注气，前则月案平朝，别耸特峰于案外，下则虹桥低锁，复干华表于桥边，中可建乎三堂，旁堪翼以贰副，于此联宗美矣至矣。于斯聚族，堂哉皇哉。（利亨）愧乏鸿裁，不堪润色，幸无积牍，敬弁数言。惟其协力经营，诵成功于不日。亦可齐赓似续，沧派别而同流，行见族谊永敦，家声宏振，郁著鼎门，洵钟而祉，锡储来笏，榻亦履盛而福，昌尘拂扬，先人推乌巷风流槐征应后昆世式，王家宅第，在斯举也，岂不伟哉。

嘉庆二十三年戊寅岁仲夏吉旦赐进士出身、原
翰林院庶吉士、现人山西大同府广灵县知县、癸酉
同考试官加三级、后升直隶忻州正堂祠裔利亨谨撰

王氏大牌尝田簿缘起

（此文抄录在乾隆三十六年《松源王氏族谱》，民国十七年戊辰二月初四上午抄）

十四世楚材公捐大牌尝田簿叙。尝思捐尝奉祀，固敬祖之孝思而追本溯源。亦怀旧之至意。盖故迹掩则前贤之丰功隐。惟先烈著斯本业之长策存。缘我守华公太旧有尝田一处，坐落土名黄坑里峰下，于乾隆十年间，因镇平籍贯，欠银使用，系松源台公二房裔孙承买。松公裔分，实为居安公买受，十三年间，英公裔始备本价赎回。至十五年，十四世嗣裔楚材公乃复捐资备价赎出，永为尚仁公、守华公二祖尝业。即今所云大牌尝是也。奉尝之日，楚材公经手批明，其契不复执用。斯诚意美而法良者矣。第是奉尝者，固明其无私。而董尝者则贵知所本。况年世永远，果无有昧所本而变迁本业者。因于尝簿外更立监理簿一本。录缘起小叙一篇。并录原契叠款。俾楚材公裔执掌监理，则捐尝奉祀止意。追本溯源之意亦存。而尝业自千秋不朽矣。是为引。

在场见立簿人 昌琳　道三　允恭　拔联　庆能　协奎
蓄春　鸣春　燕嘉　馨华　道烈　心楷　孔亮
同治八年己巳新正谷旦立

王氏大牌尝田簿簿序

（此文抄录在乾隆三十六年《松源王氏族谱》）

从来祖宗之创制，宜于古者，未必宜于今。而子孙之权衡兴其利者，不若除其弊。缅我十一世祖英萃公太，留遗尝业，前设四房轮理，抽出十石谷为首事之利，前若美举。以今观之，即弊止端也。何也？目今嗣裔年增，贤愚不一。兼之收储无专司，出入鲜特达。不惟内有擅吞肥己之患，而外有招尤取戾之阶。有志嗣孙无不怃然叹息而猝，未能除其弊而兴利也，兹遇第三房值年有功。若嗣裔等目击流弊，素蓄虔衷，不私十石谷之利，传首归尝。邀同四房叔侄商议，敦请殷实勤谨。更班董事，正谓序事惟贤，任事惟能。诚美举也。佥曰善哉。嗣后尝内所有生息款项，善法良规，悉载簿记，不得玩越。托祖灵长荫其尝业祀典。间寝昌而寝炽，孙枝杰出，凡任掌贤劳者，俾富而俾藏矣。爰畀质言以为之序。

乾隆四十六年岁在辛丑六月之望五日，
十六世孙集川王岂屈（观俊）撰

信昌隆源会簿引

（此文抄录在乾隆三十六年《松源王氏族谱》）

物本乎天，人本乎祖。报本崇源之思，不可一日忘也。恭维吾乡龙源公王殿下，聪明正直，足以代天施化，福被遐迩。凡居口乡而业士农工贾者，罔不享其德而报其功。盖亦准本天之义也。昔我曾祖蓉生公之商于佛镇也，字号信昌。数十年来生意鼎盛，用念人事之成，必籍神功之助。既历醵有丛胜等会，每岁诣宫崇祀无缺。迨后中辍，叔与兄念信昌乃祖父世业，后人衣食之源，实本于此，不可不以复。夫人惟不忘乎本，则必推类而尽其余。子曰资于事父以事母而爱同，又宁敢忘乎。母止所自出哉。爰合外祖从舅等共复信昌生理。夫人事不无兴废之殊，而神功要无始终之间。有况合两公止遗矩，不思有所籍以传。岂有当于报本崇源之意哉。用将余资，谨权子母，本年秋约计会资。可以每岁崇祀无缺。乃卜吉起会。而诸舅不以愚简陋，属为之引。窃年当日合伴生理，皆出敦本崇源之意。而所祀有实龙源公王。可即名之曰信昌隆源会。

嘉庆二十四年己卯岁九月初十吉日后学弟子
王超望敬撰并书

官田王氏祠堂碑文

程乡县正堂王，为乞示严禁山林以全灌荫，得安生灵，国课有供事处。松一图民王耀锦、王昌俊、王昌秀等连名具呈前事，内称承祖远下珠坊、官田坑一派山林丛阴积泉，以为灌荫粮田三十余石，里长王永福册处，前因世乱，移居福省，兵民乘隙紊砍树木，以致山光泉竭，田地从此荒芜，国课无得供输，今幸仁台莅任，草木均沾润泽。恳乞勒示严禁使兵民不敢乱砍树木，得以茂盛阴林积泉灌荫山下粮田，不致荒旱，国课早得供输等情。到县当批问王荣祖荫山果无碍于众姓，准给示在案处此合就出示为此示谕地方烟户人等知悉。嗣后珠坊、官田坑一派灌荫粮田树木毋得任意采砍，敢有故违许即指名示呈究，决不轻恕须示。

康熙八年七月初二日奉宪给示

径口村王姓祖堂内禁碑

□□□□祖裔等为严禁自便以安祖灵，子窃思古人立庙建宅必求爽垲胜地，剔污去秽，以得龙安祖妥。风水之重今昔皆然。今祠内外前后理合严禁，不得好为口便，以防祖灵，禁条列后：

一禁祠前内斗方不得堆放砂灰，外斗方不得晒牛粪，如有犯者，任众撤抛，其捉获报知人赏钱壹百文。

一禁祠外口头及化胎不许寄放菌草，并堆粪焚秆等件，如有犯者，任众撤抛，其捉获报知人赏钱壹百文。

道光二年壬午五月□日合屋严禁

横江村温氏家庙碑文一

吾族自宋之季，六七郎公偕王孺人由闽杭古基坑择取于斯，四五六七各房俱移迁别处，惟我勖太公一房及孟三公、丙一公两支共此宗祠，其时修葺祠宇，买就附近地方多成于玉孟公之手，迨在乾隆丁酉四十二年因回禄，故仅存第三堂及大门，己亥变更旧制，修成正身并旁室拾壹间而落峨外副地基壹拾叁间。道光癸未三年更行加造粮丁科派外再敛新建尝以襄成之计，左右内外房间通贰拾有四，俱系公众架造，公众经管。乃遭兵燹以来每多霸占或堆放灰粪或放稻草，谓承祖分授者有之，谓凭契买受者有之。兹光绪丁酉二十三年重修祠宇，始行清理。幸叨祖宗之灵，查考老簿，真伪立辨，其偶有地脚确实无差者，当众补贴清楚，部为记明，日后俱归众管。无论谁人不得擅行霸占，纵有分单契券，概作废纸。倘敢怙终不军悛，仍蹈故辙，通族向前理论，治以家法，再感强顽，禀官究治，毋得徇情容隐，勒石祠中，以垂永久，俾众同知维持不蔽，庶上安先灵，下荫后裔，同受福泽于无穷也以已。

鸿恩
经理　步成
运聪

光绪二十三年岁在丁酉仲冬月吉日横江温氏合族谨记

梅县松源上乡第七保国民学校基金筹委会资金一览表

项目	第一目	第二目	第三目	第四目	第五目	第六目	第七目	第八目	第九目
摘要	丛胜社	弥陀社	伯公会	新丁会	普祀会	龙源公王落马会	南坑公王会	正月十五新丁会	清明会
金额	1 000	300	500	2 000	2 000	1 000	300	2 000	200
年息	200	60	100	400	400	200	60	400	40
备考									

（续上表）

项目	第十目	第十一目	第十二目	第十三目	第十四目	第十五目	第十六目	第十七目	第十八目
摘要	普祀会	普祀会	新丁会	中秋尝	孔圣社	瑗祖新丁会	梅溪公王会	双文社	花丁会
金额	300	200	200	450	450	20 000	300	8 000	900
年息	60	40	40	90	90	4 000	60	1 600	180
备考									
项目	第十九目	第二十目	第二十一目	第二十二目	第二十三目	第二十四目	第二十五目	第二十六目	第二十七目
摘要	公王会	新丁会	普祀会	梅溪公王会	太平社	南坑公王会	普祀会	普祀会	守仁公、尚华公秋祭尝
金额	1 000	4 500	3 000	300	1 300	1 000	700	750	2 000
年息	200	900	600	60	260	200	140	150	400
备考									
项目	第二十八目	第二十九目	第三十目	第三十一目	第三十二目	第三十三目	第三十四目	第三十五目	第三十六目
摘要	龙源公王会	秋季票会	接神会	正月祖祠会	梅溪公王会	牛头会	念太会	梅溪公王会	贵荣公秋祭尝
金额	2 000	200	450	2 000	150	3 000	300	150	150
年息	400	40	90	400	30	600	60	30	30
备考									
项目	第三十七目	第三十八目	第三十九目	第四十目	第四十一目	第四十二目	第四十三目	第四十四目	第四十五目
摘要	敬祖会	七份会	秋祭尝	普祀社	观音会	普祀社	观音会	贵荣公秋祭尝	正月初二敬祖会
金额	10 000	1 000	4 000	3 000	1 300	10 000	3 000	3 000	4 000
年息	2 000	200	800	600	260	2 000	600	600	800
备考									

（续上表）

项目	第四十六目	第四十七目	第四十八目	第四十九目	第五十目	第五十一目	第五十二目	第五十三目	第五十四目
摘要	梅溪公王会	王福会	石灰窑伯公会	普祀社	本地石灰捐	松英公尝	命公长、五、六尝	命公三、四、七尝	次及公尝
金额	3 000	350	450	3 000					
年息	600	70	90	600	400	4 600	3 400	3 400	3 400
备考					以上资金系瑷公社会尝	以下资金系祖尝捐			

资料来源：梅县档案馆民国档案，第 1 号全宗（教育科），1938 年第 26 号卷。

第五章　宗族、圩市与神明信仰
——以五显大帝为中心

桃尧镇位于梅县东北部，面积为115.3平方公里，镇政府设在尧塘圩，距梅县88公里，其东南与松东乡为邻，西南连松北乡、隆文镇，西北与松源镇相接，东北与福建永定县的丰市、洪山二镇接壤。境内高山重叠，山地、丘陵、峡谷交错。全镇耕地面积为14 600多亩，其中水、旱田有13 000多亩，山地面积有148 000多亩，育林面积达136 000亩，每年为国家提供木材3 000多立方米，是梅县的木材生产基地之一。其地势东北高，东南低，发源于福建省武平县的松源河自北向南纵贯镇境西南部，在松口镇注入韩江，为境内最主要的河流。本章所要考察的大美村就位于这条河流的中游。由于相邻的显朝、松林二村在历史上与大美村有特殊关系，[①] 故此本章也将这二村一并列入大美村的考察范围。

一、大美村概况

大美村位于桃尧镇的西南部，松源河从村边缓缓流过，境内以山地、丘陵为主，只有河畔和山间的一些小块土地可供种植水稻，为村中的主要农业耕作区。全村（实际为现在行政区划意义上的大美、显朝、松林三村）共有1 500余人，水田面积600多亩，山地面积较多，有18 000多亩。村中人口主要是张、卢两姓。历史上，大美村的生态条件十分差，田地十分有限，现在的主要耕作区——河坝边的田地，过去为沙坝，只能种植番薯等耐旱作物，粮食十分匮乏，一年只有四个月的口粮，故此，大美村在新中国成立前十分贫困，该地流传着“有女莫嫁显朝”之类的说法。也正是这个原因，新中国成立前大美村有很多人为生活所迫，到南洋一带谋生。据报告人介绍，至今大美村内90%的人家有人在新加坡、印度尼西

① 清代，桃尧分为桃源和尧塘二堡，民国时期，桃源、尧塘二堡分别称作桃源乡和尧塘乡，大美、显朝、松林一直都属于尧塘堡（乡）。并且，旧时在尧塘乡境，一直有过四月八的习俗，即每年的这个时候，全乡要举行游神活动，将“五显大帝”抬到全乡出游。从这个意义上讲，大美、显朝、松林又同处于一个神明祭祀圈内，故此，笔者将这三个村落一并进行考察，但为行文方便，只取名大美村。所以本文所指的大美村实际上涵盖了现在的大美、显朝、松林三个村庄。

亚、马来西亚等地，因此大美村是一个典型的侨乡。大美村的侨乡特色最突出的表现在其民居建筑上。一般而言，讲到梅县地区的民居建筑，人们便会自然而然地想到围龙屋之类的建筑形式，然而在大美村除了现在新建的楼房外，能见到的几乎都是清一色的“洋”派建筑，即这些房屋都是由在海外谋生的族人寄钱或托“水客”带钱回家乡兴建的，因此这些房子都或多或少地带有一些异国情调。一是在建筑方法上摒弃了传统的泥墙夯筑技术，而更多地采用石料建造房屋。二是在房屋的外墙上有许多反映近代新技术、新事物的图画，如西洋的花、鸟、虫、草、飞机、大炮等。三是房屋的建筑风格、室内装饰等方面具有典型的洋味。新中国成立后，政府对原来的沙坝地进行了改造，同时大力兴修水利设施，修建了横贯全村的引水渡槽，解决了全村的灌溉问题，原先的一些旱地、沙坝地变成了良田，这样，村民的生产生活条件大大改善了。“文化大革命”时期，因当时大抓阶级斗争，要对村民评定阶级成分，而新中国成立前村里田地十分少，所以真正拥有大量土地的地主几乎没有，但那个时候每个村都有地主名额的摊派指标，联系到村中许多人出南洋挣钱在家乡做了不少大屋，于是，凡是较有影响的华侨都被扣上了一顶“华侨地主”的帽子。十一届三中全会以来，政府落实了华侨政策，撤销了以前对华侨的错误决定，特别是改革开放以来，华侨重新迸发出对家乡的热爱之情，纷纷以各种形式支持家乡的建设和发展。现在华侨捐资修建了村中的水泥道，修建了沟通松林、大美两地的得成大桥，大大方便了两地村民的交通。此外，侨民还在大美、松林、显朝三地修建了老人活动中心，在中心购置了图书、象棋、扑克、麻将等，使在乡老人老有所乐、老有所学，极大地丰富了老年人的晚年生活。

二、大美姓氏源流与宗族文化

大美村现在除在显朝还有一户姓沈之外，主要有张姓和卢姓两个宗族，其中张姓主要分布在大美，现已传到二十一世，有700余人。卢姓生活在显朝、松林，两地合计也不过800人。

（一）张姓源流与宗族发展状况

张姓尊上杭化孙公为本族的大始祖。关于张姓在大美开基和发展的过程，从嘉靖年间张姓六世族人张毅仁在《张氏族谱》（复印本）中的一段关于宗派源流的记载便可以知道一个轮廓：

高祖张大四郎神前故，负骸葬今林坑寨，祖妣李氏二娘本地故，葬今马峰嶂。先居神前小湖口，此时盖未有大埔县也。大四郎生二，长得福，次得成，百三郎也。女婿巫均用女巫大姑，李氏携带前来程乡松口落担鱼子坝，卜居洋坑里。因英正统庙土木之变，海宇骚然。松口一带徭役繁重，随谋居饶塘。其始至也。田庐山林尚未就绪。暂倚同姓张均亮住枧头坑。惟百三郎节次经营，至之永泰张公也。买田置地，始正居中。兴屋宇，盖有百三郎，荒作于盖有千一郎永泰公也。康成于后，继由开建下片老屋，遂为不拔之基以传世焉。其他，得福生子永聪，聪生子张俊、张桂、张鉴，移龙川县林禾洞住。均亮生子禄，落三河移住。巫均用生子巫歪考，考生子巫癞子。仍从永泰公继养，唤名张镇，家产五分，分之歪上住。大五郎生张銮，移长乐县溪都李冈黄砂坑住。

从这段记述中，我们可以大致了解张氏在大美开基的艰难历程：大美张氏一派来自大埔的神前，后由高祖张大四郎妣李氏二娘携家带口辗转来到程乡，先是在松口落居，后因不堪重赋，来到饶塘（古称，今称尧塘），由于当时十分贫困，只得寄借于同姓，此后经过几代的辛勤经营，才稳定下来。

张氏在大美定居后，到了第六代，就修撰了族谱。七世族人先桂公在《张氏族谱》中记道：

先伯新源公讳弘仁，泮宫进士……嘉靖庙之……今观其弟（毅仁）所立族谱……非庸（先桂公）记，大明隆庆二年岁次戊辰春三月念七日毅仁新桥立族谱，大清康熙十九年岁次庚申春三月清明日族人思慕而重刊之。

从这段话中，我们不难发现张姓第一次修撰族谱是在明代嘉靖年间，当时的修谱人是六世族人张毅仁。而到了清代康熙年间又重新刊印了张氏族谱。本族谱还记载了《张氏族谱》的流传、传抄经过：

查本谱抄者为秋帆公，名亮长，大塘美十二世，至于前抄者为七世先桂公，再前为孔智公子文保公之三子六世毅仁公抄。再前之原本可能是上杭未迁之族人。

族谱记载了根据族人的回忆而抄写的一段文字：

祠为三面大门，中门进入即为天井、大厅、小天井。上厅有神案、神龛，神龛左边为观音挂像，像前有约三阶之木梯，香烛需登梯才能插进香炉。左右两横屋有两排房间可住人。中门外有石狮一对，一般房姓祠堂无。祠堂前面为半月形水塘，水塘左有石旗杆四杆，华表一对，地面尚有被1911年辛亥大台风吹倒之旗杆不少。祠堂中堂大梁上排列近十面牌匾，中最大一面为张金榜的，上写“钦赐蓝顶花翎翼勇巴图鲁”。巴图鲁为满语，即“勇士”。金榜生于1837年，武官，在台湾与倭寇打仗有功。另右边墙上匾为“贡元”，估计为悦初公子非卧公的。

这段话对当时祠堂的规格、祠堂内的摆设做了记载。从中可以看出，大美张氏宗祠的形制与梅县丙村、松口等地的祠堂差别不大。但是，该文没有谈到张姓创建祠堂的时间，不过笔者从报告人家中珍藏的一本手抄本中发现了一篇雍正元年（1723）癸卯岁八月二十一日祠堂转火祝文：

追维我祖，系出清河，崎岖埔邑暂住，经历松江安康，熟意沧桑屡变，征役繁兴。爰咨爰谋，徙都饶塘。相厥阴阳，开基大塘。位坐乎巽，显春风之披拂，向秉乎乾，得仓天之健行。天马琴书后镇，锦障魁笔前擅。斯诚永代之伟，观万世之鸿基也。第世远年湮，垣颓址圮，宗枝酌议，重建华堂。值地脉之振兴，请明师以改作。彼宜因此宜革，争先恐后，左宜规，右宜矩。此昌彼和，出震向离方，新于焉而始，则应乎帝。六十花甲既转，于兹而成，则合乎天。嗣是栋宇巍峨，群瞻轮奂之美。柱□森列，共仰□飞之胜。一堂霞彩粤发，文明早兆。四帷绿缛交映，霭瑞盈门。值今燕雀贺成，伸食感恩报。羊一猪一，聊申荐香。□□迭奏，鼓乐连声。云□千百，趁跄宗庭。从兹巩固千秋，集祯瑞于左昭右穆。苞茂亿载，锡嘉址于桂子兰孙。宝贝泉涌，厚媲陶朱之积。泮宫时游，遥接芹藻之香。

该文讲到张姓在雍正元年（1723）八月二十一日祠堂转火，而文中谈到由于祠堂年久失修，“垣颓址圮”，“六十花甲既转，于兹而成，则合乎天”，这说明祠堂的转火距离修建已经整整历时六十年之久了。雍正元年是1723年，以此向上推，则祠堂的创建时间是1663年。

（二）卢姓源流与宗族发展状况

卢姓来到饶塘的经过在《范阳堂卢氏族谱》（1989年手抄本）“广东省梅县尧塘（堡）乡溯始”部分讲得较为清晰：

坎市天禄公年幼时，是文新公抚养长大，天保公年小时又由伯父之子天禄公抚养长大，虽属叔伯兄弟，但情同手足，天保公长大成人后在大埔西江寨定居。生三子，次子到梅县白渡田背定居，娶妻生子名西唐，西唐生子名笠溪，笠溪生两子，长子寿伯四郎号念二，次子寿伯五郎号念八。由于上述关系，天保公的子孙每年必到坎市探亲祭祀以报答天禄伯祖怀念之恩。有一年婆太带着寿伯四郎由白渡田背到坎市探亲，回到尧塘澄坑半途婆太不幸逝世，虽有人回白渡报丧，因在白渡家中仍有老小四代需人照顾，所以寿伯四郎独自草率地把婆太埋葬在澄坑宫子山上，又怕虎狼咬吃婆太尸首，故苦守庐墓三年。幸得早于五百年前由光稠公保送出岭南避难定居的老乡亲探悉是先代救命恩人的裔孙遭此事故，众乡亲纷纷送米送菜，三年孝服已满，众乡亲见寿伯四郎为人忠孝朴素，苦留于尧塘定居，又封外太公把亲生人送为妻，生儿育女，又有聂外公送女与翼简公为妻。

从以上记述中可以找到卢姓的发展脉络：饶塘卢姓的历史可以直接追溯到福建的坎市，先由坎市迁到大埔，再到梅县的白渡，然后一次意外事件，由寿伯四郎在饶塘的澄江（今松林）开基。

据报道人介绍，卢姓先是在松林开基，即上文说的寿伯四郎在饶塘澄江开基，然后经过五代到七世时，才由七世祖文浩公在显朝开基。文浩公先是居住在栋背（原先属于桃尧镇，现在划归隆文镇，距离显朝有七八里之遥），传说文浩公经常在显朝村边的松源河边钓鱼。有一天下午五点左右，文浩公正在河边钓鱼，这时从河边的小路上走来一位地理先生。地理先生见到文浩公便问道："请问这位小哥到松源怎么走，此处离松源还有多远？"文浩公见是一位老先生问他，连忙放下手中鱼竿答道："这里是尧塘堡境地，离松源还有好几十里山路，况且现在马上要天黑了，你一个老人家人生地不熟的，现在要去松源恐怕不大方便。我家就在这附近，不如随我回家歇息一宿，待明天吃过早饭再取道去松源，岂不更好？"地理先生心想：这个小青年看上去还蛮有诚意的，便说道："如此便给这位小哥添麻烦了。"文浩公连说："无妨，无妨。"说完便收拾渔具领着地理先生往家中而去，地理先生跟着文浩公走了很长一段山路，问道："还有多远到家？"文浩公说："就到了，就到了。"谈话中，两人已是翻过了数道山冈，最后，两人来到一座小茅屋前，文浩公对着屋内叫道："有客人来！"这时从屋内走出一位清秀的主妇，此人便是日后的杨氏婆太，只见文浩公上前在杨氏耳边嘀咕了几句，杨氏忙将地理先生迎进屋内，又是端茶，又是倒水，动作十分麻利，忙活了一阵，便到厨房去了。这边文浩公陪着地理先生一边喝茶一边聊天。过了一个多时辰，只见主妇端上来一大碗山菇炖鸡，一盘清蒸鱼，几个农家小菜，还拿上一瓶自家酿的酒。夫妇俩又是夹菜，又是劝酒。不一会儿，地理先生已是酒足饭饱，洗漱完毕，便早早上床休息了。第二天吃过早饭后，文浩公便将地理先生送到村口的大路上，临行前杨氏婆太将一个包裹交给地理先生，说："此去离松源还有一段长路，估计到松源吃中饭的时间会错过，这里有一点点小点心，权做先生中午充饥之用。”地理先生接过包裹，依依惜别而去。走到中午时分，地理先生感到饥肠辘辘，于是将包裹打开，只见里面装着一些农家自用的米粄和一小瓶米酒，另外就是昨晚那只鸡的鸡信（客家话称“鸡轻”，即书面语“鸡内金”）。地理先生很是感动，心想：这夫妇俩深居山林，虽说是十分贫穷，却是那么厚道善良。有朝一日，定要报答。话说过了几天，地理先生从松源返回，路过显朝，又遇见文浩公在河边钓鱼，两人远远望见，十分亲热，坐在一起，聊起了家常。地理先生语重心长地对文浩公说：“你夫妇俩待人如此真心，如今却还住在山旮旯里，生活多么不方便，那种生活环境对你的发展很是不利。实话告诉你，我是一个地理先生，根据我的观察，现在这个地方不错，有山有水。”讲到这里，地理先生停顿了一下，低声问道：“此地住的是何家?”文浩公答道：“周家。”地理先生叹了一口气说：“此地虽然风水不错，但只是现在的住家时运不济。”文浩公追问道：“先生此话怎讲?”地理先生说：“风水上讲，一个家族的发展最讲究的是其龙脉如何，你且看去，周家的老屋虽然后枕龙山，但是从其来龙的方向来看偏离了龙脉。其老屋的一侧却是一处正位，你如若能在其老屋旁搭一小房，并在房中安放一个香炉，祭拜上祖，周家必衰，卢家昌也。”文浩公接着问道：“这是为何?”地理先生往四周看看，见无人，在文浩公耳边低声道：“这个你就不懂了，根据我的观测，香炉的插香处为龙脉的正位，正对龙脉，在此处行香，可得祖宗的庇佑，日后必将子孙满堂，家业不可估量也。”说罢便匆匆而去。文浩公自知遇到名师指点，大喜过望，回到家中将地理先生所言之事告知杨氏。夫妇俩后来就与周家交涉，取得周家的许可，按地理先生的交代一一照办。果不其然，后来文浩公生了三个儿子，周家却无后，迁到隆文，现在也不过十余家。卢家却日益兴旺，现在包括迁到外地的已发展到几千人。

在卢氏宗族发展史上，清初宗族势力初露端倪，据《范阳堂卢氏族谱》记载：“11 世文台公建双堂三横大屋一座，12 世殖庭公建二堂二横围楼一座。”到清代康熙、雍正时期开始显示出其强大的势力。此时不仅宗族人丁十分兴旺，而且宗族经济非常富庶，其中以乐年公这一支势头最为强劲。

十三世祖廷璧公，讳壹英，号乐年，妣黄、耐氏。生于顺治庚寅岁九月初五，卒于康熙辛丑十月初一。公生平好善布施，修筑茶亭、道路、水利不可胜数，救济穷贫一挥百金，德高望重于乡里，创建三堂六横大型楼屋一座，名曰乐年公室，时称七子二十孙一百零八曾孙，时称七子八万富。长子恒建七子三十二孙一百零九曾孙，亦创建横屋一杠，卒时五服内子侄五百八十套孝服送丧；次子恒原建双堂一横屋一座，名厚公庄；六子恒千公创建学屋一座；七子恒万公建二堂二横屋一座，公位下裔孙宏任公建房一座，康寿公建双堂楼一座，勖斋公建三堂五横大楼一座。锡善公建二堂二横一后枕楼屋一座，俊秀公建双堂楼屋一座，怀瓒公建三杠楼屋。爱国华侨己庆公建双堂双横屋一座，嘉荣公与海珊公叔侄共建三堂双横大屋一座，名竹林庄，仲昌公建屋一座，勖斋公在莲塘建屋十余座。又良儒公建“继志庄”屋一座二堂二横的楼房。

一般而言，祠堂的建立也是一个宗族兴旺的标志，笔者在卢姓祠堂发现的一块光绪年间的《尧塘堡显朝村祠堂碑记》也可印证卢氏宗族的发展印记，该碑记对祠堂的建立时间、祠堂的规模等做了一系列的规定，充分说明了卢氏宗族到清代初期已经发展到比较成熟的程度。为说明问题，现不厌其烦，引述于下：

尧塘堡显朝村祠堂碑记

本祠堂七世祖文浩公妣杨孺人开基香火堂也。祖传初建壹堂于康熙二十四年，丙寅乃加建为两堂。至左右横舍该街巷数条、斗门坪面前池塘两口俱系为疏煞注气所关。经先年裁置配合阴阳得法及后人不顾风水，凡各家附近者私占便宜将街巷中展筑猪栏浴堂，一切由是大界多蔽塞矣。因（回）光绪庚寅修祠，合族公议概行折除，其街巷复回原式。嗣后永不得再蹈前辙。并将族规勒明共览于左。

一议塘子尾龙□内之塘系经明师作法，所以□右边一派坑风凹煞或年久沙石雍满，急宜搬□注水，并传闻可以主人多寿云。

一议祖祠后龙山内边有树木枯槁及被大风摧折，必须合各房经事人谋定价银若干，归浩公尝内，责成一人收储出息以为公众应酬之需。倘有私伐私卖，除议罚轻重，外加罚喜炮足贰仟圆立交出。

一议上堂副炉前敬祖六十月不准堆放禾麦秆把、番薯苗等项。尤不准移开以打米麦。并周围屋檐面上亦不准摆放毛□簸箕盛晒别物，免致重压损瓦。

一议上下堂两片正间居住之人不准傍定祠厅柱板加砌泥砖，庶免以生潮湿蝼蚁以致朽烂柱板。

一议居住上下堂正间之人或因瓦破漏水，毋得把祖祠栋面加重加大之瓦，乘便取出私自补益，查实决不姑宽。

一议斗方大门内外不许每时堆积杂草，龙门□面上尤不准栽种水果杂物或多生布京树亦须着人斩除。

一议祠内上下堂及祖龛背不准堆放草秆谷壳等件，天雨时候亦不许架晒衫裓，庶免污秽祖宗。

一议居住厢房人等逢年节宜辛检照敬祖神桌，排好天井板，点管香炉水碗洒扫厅堂。

祖祠规模凡架造高低阔狭上下堂柱头若干及天井旁巷俱用鲁班尺寸过量，备志分明。至加议条款数，皆为杜后人私心，保全祠宇之计，各宜遵行。爰勒碑以垂诸父过云。

光绪十六年庚寅岁冬月吉旦文浩公裔孙三大房等立

（三）大美宗族文化

历史上，卢、张两姓都有公尝用来应付宗族内部的各种公共开支，主要有每年祭祖的祖尝、办学的学租、迎神赛会的会产等。这其中以祖尝最为突出而重要。卢、张两姓从开基祖一代就开始设立祖尝了。公尝主要来源于宗族内部的山林、田地的收入。一般来讲，山林由宗族来管理。大美村山林资源丰富，每年的山林所出是宗族经济很重要的一部分，因此卢、张两姓都很注意对各自山林的管理。特别是张姓宗族，其内部不仅成立了山林管理机构，还制定了详细的规定来管理山林。①

一议凡有日上夜间砍伐树身、树枝者，如果看山人未曾遇见，不拘何人看见，皆能捉罚，立批。

一议淋坑寨有磨房三座，如有人砍伐松、荷、枫、杉等树，藏匿于磨房内者，查获加倍重罚，立批。

一议捉获本乡人日上（夜晚）盗砍松、荷（枫、杉）各树身者罚银半元（壹元），捉赏归半。

一议捉获本乡人日上（夜晚）盗砍树头者，罚银三钱六分，捉赏均半。

一议捉获外乡人盗砍松、荷、枫、杉等树者，照本乡人加倍重罚，捉赏均半。

一批明该山场系某某暂行领掌，倘捉获犯禁之人系某屋即向某屋父兄领赏，如果罚赏钱补角，限拾日之外即行呈禀，其费用一切系三代尝内之事，各屋父兄不得籍端嫌隙，其山场松、荷、枫、杉至禁起后打柴任凭经理妥议，立批。

---

① 《张瑶甫书策》（手抄本），光绪二十九年（1903）。

一议淋坑寨及乌头石粤祖堂食水窟骨头坪一带山场自某年某月某日合族绅耆在祖堂酌议申禁，松、荷、枫、杉日后树茂盛打柴若干，至下山之日，看山人有力再掌，无力仍须交还出众，不得藉山脚名目阻抗，立批。

合族公举 巡山 某某 某某（二人）
合族公举 经理 某某等（八人）
合族老成 某某等（二十五人）

而田地则雇请族人或外姓人来佃耕，雇人的原则是先内后外，但是这种原则很容易带来一些弊端。请族人来佃耕尝田，经常会发生侵吞田租之事。笔者从张姓族人光绪年间的一本手抄本中发现了一条材料，其中就讲到张姓得成公、永泰公两代祖尝田请族人耕种而引发的赁耕不纳，最终宗族不得不将尝田收回的事件。

吾乡二代尝田各房叔侄赁耕不纳，于康熙五十五年丙申岁二十八日清还。得成公、永泰公妣尝田帖至康熙五十八年已亥岁二月又清还数目。春露既濡，谁无凄怅之心，秋霜已降，岂无沐惕之感。故先人尝肇建也。几经图围，祀典伊始，可谓之前有光而后有裕者矣。迨传之既久，历祭无异。突于康熙五十二年甲午岁族心改变，贫者逋吞无出，富者买占有之。迭经三载，竟无告虔不时全人有失祀之悲。就先祖能无九原之痛哉。忆先人缔造之艰，有不痛心疾首者乎。夫木本水源之说，尽人而知之，亦尽人而知报之。岂可务近而忽远，而忘大贤追远之言哉?①

正是因为这个原因，从康熙、乾隆时期开始，宗族一般都是将尝田租佃给外姓人耕种，并立下田契，从而避免了那种“贫者逋吞无出，富者买占有之”的现象出现。以下这张田契可以说明这个问题。

立赁佃人沈子龙今来白手赁到淡园张公有水尝田壹处，土名大坑石灰窑前中间大丘下节壹节，搭上丘壹丘、鹿家窝大小共五丘、河唇石角里大小共五丘、蛇头塘面下共二丘、又石头面上壹连工五丘、又塘壹口，系与带生侄孙共分灌溉，共计正租三斗陆升正。沈子龙前来白手赁耕，并无田皮、粪质、防（房）租。亦无上下退手等项。每年实纳风过干精（净）租谷斌斗三石陆斗正。其谷早季二石二斗，冬季壹石四斗正。每年冬季飧壹

① 《张瑶甫书策》（手抄本），光绪二十九年（1903）。

席。其谷送至凹上带生侄孙屋内风过交收，不得少欠升合，不拘年限，任从田主另招别耕佃人，不得异言阻抗，恐口无凭，立赁字为照。即日批明每年实纳风过干精（净）租谷斌斗三石陆斗正。其谷早季二石二斗，冬季壹石四斗正。立批。又批其田不得藏匿丘数，有力赁耕，无力交回。其田至壬申年冬满赁，若要取回自耕或租谷不清，另招别佃，赁人不得阻抗。又批每年鸡信钱一百文正。其钱的限冬季收谷之日一足交清。立批。又批明鹿家窝之田原系五丘，现开作二丘。

的笔孙宏

见赁侄孙万英

嘉庆十二年丁卯岁十二月初十日立　沈子龙

这是一份沈姓人向张姓人租赁尝田的契约，文中对租谷的交纳、田地的转租及佃户对田主的义务乃至承租人对灌溉用水的支配权等都做了详细的规定。这份契约至少可以说明三个问题：首先，张姓的尝田租给外姓人耕种，从而避免了租给本族人耕种带来的侵吞尝田的弊端；其次，租佃人除了要交纳一定量的租谷外，还需承担一些额外的附加义务，如冬季为收租人提供一顿酒饭；再次，每年还需交给田主鸡信①钱一百文。

据报道人介绍，得成公后，各上祖故后，都置办一部分田产佃租（死租又称铁租，六四分成，活租早三晚二）作为该族每年岁首祭祀之用，随祭子孙可在坟前饱餐一顿。1952 年“土改”，政府取消各代祖尝，将田产分给各代子孙耕种。1980 年 3 月 13 日（正月二十七）宗族重开祭祖之风。当时有人想在距永泰公坟一丈之隔的地方修建房屋，以警告村民不得损坏祖宗的墓地，并由十五世汉良牵头、十七世衡修嫂出面捐钱捐物，共捐得人民币 70 多元，粮米 50 多斤，置办三牲一副，到得成婆、得成公、永泰公三墓地进行祭拜，参加者有 180 多人。祭永泰公时，适逢放学，人越来越多，超过 200 人，其后转入祖祠祭祖者还有 100 多人。此举深得华侨赞许，纷纷寄钱回乡，用于整修祖祠。1982 年祖公转火，拨出部分钱重开祭祖之风，余额存入银行作为祭祖基金。统计有：得成公、永泰公、万一郎公、万三郎公基金 15 000 元，锦增（万君堂兄）5 000 元，悦初公11 000

① 笔者以为鸡信在客家地区对于俗民的生活具有极为重要的象征意义。因为在客家地区经常可以听到某某宗族的开基祖因为用鸡信来招待风水先生，从而赢得了一处绝好的风水宝地，最终宗族得以强盛的故事。并且这种故事在客家地区的宗族发展史上几乎必不可少。而在大美所发现的一些契约中，明确地把佃户必须向田主交纳鸡信钱写入契约中，这说明鸡信在客家发展史上一定具有相当重要的作用，如能对这一现象进行全方位的解读，或许对于我们理解客家的形成与发展能够起到意想不到的效果。

元，新周公5 000元。

历史上，大美村卢、张两姓都十分重视祖先崇拜，不仅族人随时可以祭拜祖先，而且宗族每年春秋二季还要举行集体祭祀。正所谓“春祭祠，秋祭墓”。张姓春季在祠堂祭祖的时间是正月二十，而卢姓是在正月十五。秋季祭墓则两姓都是在八月初一大清明前后。张姓每年正月二十要到两个地方祭拜祖先，一是在大美张姓的开基祠堂，一是在五户祠①。卢姓正月十五也要到两个地方祭拜祖先，一是在显朝的七世祖开基祠堂，一是在松林的卢家祠。张姓除了在本地祭拜祖先外，每隔十年还要到福建上杭、永定祭拜大始祖化孙公妣列考妣坟墓。以上这些充分表现了客家人“慎终追远”的祖先崇拜观念。张姓最后一次祭拜是在1908年八月二十八日，即大清明之后。张姓对祖先崇拜的重视还表现在宗族中有人考取功名或是通过捐纳获取功名时都把它归功于祖先对族人的庇护，要到祠堂里举行谢祖仪式，仪式中很重要的一个环节就是要对着祖先牌位宣读祝文，表示对祖先的感激之情。

谢祖上匾祝文

伏以祖德昭垂，奕祼蒙休不止，宗功丕显，后嗣受福无疆。九世之家传永在，七叶之风范长留。嗣孙某某幸叨庇护，忝列职衔，连茹汇征。喜降朝廷盛典，食感思报，仰酬宗祖深恩，择吉辰而升匾。本明德以荐馨。伏愿来格有在，申锡无穷，皇路早登，绵千秋之世泽，天衢捷步，振万选之家声。簪缨遍于一族，书香越乎万年。大唐公艺时济美麟阁，安世永流芳。尚飨。

捐监谢祖祝文

伏以绿竹香浮，高映杏花十里，碧桃风暖，吹动春色九重。喜逢圣朝国典，仰酬祖德深恩。世孙某某荷灵庇佑，恭叨国庠。日吉升匾，五采云章。伏愿宗功永护出宰群，方龙章驰赠凤诰。频将兰孙桂子艺苑飞香，聊具芹仪，以侑以觞。尚飨。

大美村宗族的祖先崇拜仪式十分隆重而虔诚，其突出表现为仪式相当烦琐，但是整个过程有条不紊，整个仪式的儒家化程度相当高。②

---

① 关于五户祠的来历后文会详细谈到，此不介绍。

② 大美村宗族祭祖仪式的儒家化程度相当高，突出体现在该村张姓每年正月二十前后祖堂开祭行大礼的款式上，限于篇幅的关系，正文不便转述，详细内容见于文后附录部分。

三、大美村族群关系

新中国成立前，弱肉强食、大族欺负小族、强房压榨弱房的现象时有发生。据报道人讲述，在大美村最早有廖、古、杨、周、邹、封、罗、吴、卜、巫等姓居住，到卢、张两姓来此开基后，这些姓氏迁走的迁走，绝房的绝房，最后只剩下卢、张两姓。卢、张两姓为了争夺山林、田地经常发生争斗。最突出的表现有三：首先是张姓六世祖悦初公因与卢姓打官司，两家结下冤仇，从此两姓立下规定，卢、张两姓不再通婚。关于两姓为何打官司，报道人也不知道内情，大概是因为争田争地使然。其次是历史上卢、张两姓不但各自建有开基祠堂和房祠，还建有各自的议事机构，并冠以祠堂之名，以发挥团结本族族众，谋求与对方抗衡之效用。卢姓在松林建有卢家祠，作为尧塘堡卢姓议事的场所，成为卢氏宗族的活动中心。关于该祠堂的建置源流，《范阳堂卢氏族谱》（1989 年手抄本）的“广东省梅县尧塘（堡）乡溯始”部分有一段话讲得很清楚：

光稠公庙早在梁开平五年时由众乡亲集资共建报恩福禄祠纪念，后来众乡亲均搬住外地。清康熙年间由卢姓众裔捐献修建新庙。

从中可以看出，卢姓将光稠公庙接管为卢家祠，以光稠公庙作为宗族的象征，目的是通过卢光稠[①]的影响来团结大美、尧塘甚至更广阔区域的卢姓，以加强本宗族的势力，从而谋求在地方宗族事务中的统治地位。张姓宗族在这种情况下，也不甘示弱，但是他们找不到光稠公庙这样的宗族象征体，于是他们看到了张姓在尧塘（堡）的宗族优势，将附近的松林、石螺江、黄沙口、松源东山四地的张姓联合起来，在松林卢家祠后面随即建立五户祠，作为张姓的联宗议事机构。为强调五户祠在宗族发展过程中的重要性，每年的正月二十族人除了要到开基祖祠堂祭祖外，还要到五户祠祭祖。关于张姓建立五户祠的初衷，从下面这份保存下来的清代《每年正月廿日祭五户祠祝文》中可见一斑：

① 据《赣州市志·人物》记载：卢光稠（840—910），字懋熙，别名十七郎，今江西省上犹县人。上犹昔属南康，姑称卢为南康人。光稠之父卢卓，曾任虔州刺史。光稠年少时，喜骑马射击，膂力过人。唐僖宗年间（873—888），政治腐败，农民相继起义，各地农民纷纷响应。唐光启元年（885），光稠占虔州，自称刺史。天复元年（901）攻取韶州。自此，光稠统辖虔、韶两州。时王潮攻陷岭南，光稠在谋士谭全播的策划下，占潮州。唐亡后，梁开平三年（909），光稠请命于梁，梁太祖任命光稠为防御使兼五岭开通使。第二年，光稠病逝。卢光稠与谋士谭全播在治虔州的近三十年中，除暴安良，减赋济贫，颇有政绩，深得人民的拥戴。

木本水源，衍枝悠久，宗功祖德，沛泽孔长。惟承恩之有自，实追远而难忘。祠宇巍峨，合五户以隆烟祀，云乃济众，本七叶而整冠裳，联盛族于千秋。既昭明德。当祭扫伊始，宜荐馨香，不腆牲仪。先灵是式，于以蘩藻，微悃肃将。伏愿来临来格用尔。俾炽俾昌，侯门永新重睹，赤松黄石相业不坠，依然华省玉堂，尚飨。

张姓建立五户祠后，定下每年的九月初九在五户祠内举行由五地张姓代表参加的宗族议事会，商量宗族对内、对外的事务，这天五地代表以及大美张姓乡绅还可在祠堂内会餐一顿，所需费用由五地公尝摊付。关于卢姓卢家祠的运作机制，报道人没有谈到，凑巧的是《范阳堂卢氏族谱》（1989 年手抄本）的“广东省梅县尧塘（堡）乡溯始”部分记载了卢姓最后一次举行聚会的时间（1940 年 9 月 9 日上午九时）、地点（松林光稠公庙），并且该材料还附了一串长长的出席人员名单，注明了主讲人，这说明这次聚会意义非同寻常。这再次印证了卢家祠与五户祠在卢、张两姓宗族发展史上的意义所在，同时也是卢、张两姓关系微妙的历史见证。再次是麻坝新圩的建立与尧塘老圩的没落。尧塘老圩原设于简头坑（即显朝村），创办于清乾隆年间，当时有四十多间店铺，该圩由于位于卢姓宗族势力范围内，因此圩市主要为卢姓所控制。到了清同治年间，尧塘张姓联合起来在麻坝开圩，为了与老圩区别开来，称作尧塘新圩。十三世张瑶甫在松源河上修建了石桥——砥柱桥，大大便利了两岸的交通，更加促进了麻坝圩的发展，从此尧塘老圩日渐衰落下去。

四、大美村的神明信仰

大美村宗族社会民间信仰的特点属于多神崇拜，俗民的神明崇拜带有很强的功利性。

（一）神庙与神明

1. 梅溪圣王庙

在大美有两个梅溪圣王庙。两个庙宇都在卢姓宗族居住范围内，分别位于显朝和松林境地临近松源河处，都为小庙，建筑面积约 1 平方米。据村民介绍，梅溪圣王庙在新中国成立前就存在，历史比较悠久，过去庙宇比较大，为一两进式建筑，大约 80 平方米。现在庙内无神像，只有一块神牌，上写“敕封助国梅溪永昌圣王神位”，神牌前摆放着三个小酒杯，无香炉，信士要烧香焚拜，可将香烛插在酒杯前的地上。庙的左边有一个纸库，供信士焚化纸宝用。村民（主要是老妇人）每逢初一、十五、年节前往膜拜。梅溪圣王有生日，但村民回忆不起来，据说生日也无做戏等活动，信士只需备三牲前去膜拜即可，梅溪圣王无出游仪式。据笔者观察，庙中遗留的香枝、烛头很少，加之村民对该神的来历及其生日的记忆相当模糊，说明现在村民对该神的信仰并不普遍。祭拜梅溪圣王祭文：今有助国梅溪公王台前庇请合乡诸神一同烧香祷告神灵，锡福无边，坛下众信士等同祈。

2. 社坛

村民又称之社溪公王。社坛位于显朝、松林两地村尾，也是临近松源河处，庙内供奉社官老爷，其结构与梅溪圣王庙一样，崇拜活动也差不多。关于社官的来历，本地流传着“水鬼升社官”的故事：据说从前有一村民在村边的松源河靠打鱼为生，后得水鬼的帮助，收获颇丰。一日水鬼告知渔民其某日要投胎出世。渔民很是好奇，便潜伏河边偷看水鬼出世的过程。是日，一妇人带一小孩到河边洗衣服，适逢水鬼投胎之时辰，水鬼将妇人拉入水中，小孩见母亲落水，竭力拉救，水鬼心想：以我一条鬼命换两条人命，岂不太残忍。遂放弃，因而错过投胎时辰。渔民深为水鬼“舍生取义”之精神所感动，为水鬼立一庙。此为社官之由来。据报道人介绍，社官为一方境地的守护神，相当于现在一个单位的门卫。如外姓人要到显朝，就须先到社官处说明原委，方能取得社官的允准，否则就会招致不测。

3. 关帝庙

显朝村关帝庙原先位于尧塘老圩，后迁至麻坝圩，距今已有一百多年的历史。松源到松口有船经过老圩，撑船之人会到庙中拜关帝。每逢关帝诞辰（五月十三日）下午，村民会搭台做木偶戏，从福建永定请木偶戏班，所需费用由村民乐捐。关帝庙过去没有神像，只有神牌，上书“关帝圣君之神位”。村民每逢初一、十五、年节到庙中去祭拜。村中还有将男孩契给关帝为子的习俗，就是当一个小孩小的时候，如果成长不顺利，体弱多病，则会到庙中向关帝许愿，将小孩卖与关帝为子，祈求关帝保佑小孩平安成长，日后再来酬谢关帝的保佑之恩，并取名为“关某某”，同时将这种人神之间的契约关系用文书的形式体现出来，格式如下：

某姓小儿某某某命里八字要卖与关帝爷，日后庇佑某某某平安大吉。

某年某月某日吉旦　信士某某某立

大美村历史上也有关帝庙，惜遭破坏，现已不存，原址上现建有民房一间。

4. 观音庵

观音庵位于显朝村粟畲坑，庙内主神为观音。正月二十龙华会，村中妇女去烧香，并带大米去煮饭，庙中有斋婆念经。该庙已有六十年的历史，住庙的为卢姓姑婆，该人20岁出嫁，后来离异，做了斋婆，会用民间草药医治儿科、妇科疾病，前几年去世。按当地人的解释，龙华是天神，正月二十为其诞辰。观音有诞辰，妇人去拜。庙中还有契子给观音的习俗，与关帝庙形式相同。此外，还有做福活动，时间不固定。正月喜福，年末（一般为十一月）完福。喜福、完福都用斋果。喜福是在庙中或家门口贴红表，上写：

信士某某某祈请天上玉皇大帝、皇母娘娘庇佑合家平安。

某某某　某年某月某日

5. 伯公、弥陀崇拜

大美、显朝村这种神灵崇拜十分普遍。伯公主要在路边、桥边、树下等地方。伯公是一个地方的保护神，起到辟邪、保护一境平安的作用。弥陀则主要在路边、水塘、河唇等容易出事之处，保护村民特别是小孩不会跌落水中。村中小孩如果在某个地方发生了不测，如小孩在路边发生交通事故，在塘边、河边玩水溺亡，则村民往往会在出事点设立伯公、弥陀神位。村民一般每逢初一、十五、年节去拜。伯公主要用三牲去祭拜，弥陀用斋果祭拜。俗民还认为伯公是男子，弥陀是女子。

6. 五显大帝崇拜

五显大帝供奉在位于松林境地的梅竹寺。现在梅竹寺供奉的主神为惭愧祖师。但是在大美村，村民最信仰的神明是五显大帝。据说五显大帝诞生时是一肉团，其父母见状很是诧异，将其扔到水塘中。这时来了一群鸭子，鸭子见水面有漂浮之物，便用嘴去啄，肉团瞬间被啄开，顿时变成了一个白胖的小孩。五显大帝成为一个民间神明后，俗民便认为是鸭子救了五显大帝，因此便有了祭拜五显大帝不能用鸭子的说法。村民还将这个说法传得活灵活现。据说旧时曾有一个外地妇人听说五显大帝十分灵验，便办好三牲来到梅竹寺，这三牲是鸭子、猪肉、鱼。过去到梅竹寺要摆渡过松源河。这妇人走下渡船，来到梅竹寺，准备拿出三牲摆上神台焚香祭拜，可往随身带来的竹篮中一看，三牲只剩下猪肉和鱼两样了，妇人连忙回头往来路上找。来到渡船上一看，只见那只鸭子还在渡船上。妇人觉得很是奇怪，附近的村民听闻这事，就将祭拜五显大帝的禁忌告之，妇人自觉对大帝爷不恭，只得在心中默默祈祷：大帝爷休怪，待过几日我再来祭拜您老人家。村民还传说，如有人不尊敬大帝爷，就会遭到相应的惩罚。民国时期，张民达任国民革命军的师长，回到家乡准备在庙址处办尧塘中学，不信神，要拆除庙宇，村中父老极力劝阻，张民达执意不听。不料三天后，广州电传其到潮州任专员，张民达于是从松口下潮州准备走马上任，适逢河水猛涨，船家认为水急风大，不便行船，张民达自以为自幼熟习水性，关系不大，不料，船到潮州湘子桥被风浪打翻，张民达一行遇难。村民认为张民达的遇难是因为他对大帝爷的不恭造成的。笔者以为这是村民的附会之作，但从中可以看出村民对五显大帝的崇拜程度。

7. 法进大伯公崇拜

在大美村卢姓居住区的村头和村尾分别有梅溪圣王和社官作为村境的守护神，而张姓居住区则没有这两位神明护佑村境。不过，在大美张姓聚落区，张姓人却尊奉张姓六世祖秉仁公为村境守护神，称法进大伯公。法进大伯公的故事在村中很是流行。据传秉仁公学法术，以武功闻名。

（二）神明众会组织的建立

在大美村，村民不仅信仰的神明十分多，而且许多信众自发组织起来成立一些众会来行使祭祀神明的功能。

村民十分重视祖先崇拜，因此为了维持有关祖先崇拜的各种祭祀活动，他们不仅为各代祖先设立了尝田，奠定祭拜祖先的经济基础，有些人还自愿结合在一起，成立尝社[①]这一祭祀组织，使族人对祖先的祭拜能够做到井然有序，不至于偏废。关于这一组织，族谱中没有谈到，但笔者从一篇祭祖祝文中可以发现这一祭祀组织在大美历史上确确实实存在。为说明问题，现引述如下：

尝社祭祖祝文[②]

恭维我祖功深德厚，源远流长，诗书垂训，礼教传芳，嗣孙同志共结社尝，届兹春/秋节，追报难忘，寅具牲仪，拜献坟堂。伏望勿吐于焉。

① 据当地人介绍，尝社为当地民间众会的一种，属于祭祀一类的众会组织。
② 《张瑶甫书策》（手抄本），光绪二十九年（1903）。

鉴尝启估，后裔奕世荣昌。尚飨。

笔者在大美村调查过程中发现了一批清代雍正到嘉庆年间的民间契约文书，这些文书材料主要涉及雍正到嘉庆时期大美村土地的变动等问题。在这些文书中，有一些是反映族众将田地卖给当地众会的历史记录，这充分说明了众会在大美村这个客家地区的历史存在。一般来讲，众会这种起源于南北朝时期的民间社会团体发展到明清时期已经渗透到民间社会的各个层面，有政治型、经济型、文化型，也有宗教祭祀型。从在大美村发现的契约中所反映的情况看，当地流行的众会组织主要是宗教祭祀型，虽然仅有的几份文书并不能得出大美村在清代只是存在宗教祭祀型的众会这一结论，但是这几个众会在清代中后期当地的土地变动中所扮演的角色可以证明它们在当地的民众生活中起着举足轻重的作用。为说明问题，现将这几份文书引述如下：

立卖契人张腾兰。今有承父遗下田租壹处，坐落土名栋下。田壹丘，原带正租乙斗，带中则官民米乙升。今因乏用，情愿出卖于万一郎公灯花会内人方圣荣、斯德昌等共十二份出首承买，当日凭中三面言断，时值田价铜钱叁千五百文。即日田契两交明白，中间并无短少，亦无积贷准折等情，亦无重复典当等弊。倘有上手不明，不干买人之事，系卖人一力抵当。其粮米照契供输，二家甘愿，两无逼勒，恐口无凭，立字为照。

即日批明实领到契内铜钱叁千五百文，言定每年实纳风精斌斗利谷五斗早季粮。明立批是实。

说合中见侄宗相

秉笔男元二

乾隆五十八年正月十八日立　腾兰

立卖田契。宗超今有承父遗下阄分田租壹处，土名围脚下圆丘壹丘，正租七升，带官民米壹升正。今因乏用，情愿托中送与关夫子会内人方富、镇斯等共十份出首承买，当日凭中三面言定，时值花边银贰拾大圆正。即日银契两交明白，中间并无短少，亦无积贷准折等情，其田委系自己之田，并无包买兄弟他人之田，亦无重复典当之弊。其田自卖之后任从会内买人过手管业。其粮在世昌眼内照契供输，二家甘愿，两无逼勒，恐口无凭，立卖田契为照。

即日批明实领到田价契内花边银贰拾大圆正。共中拾肆两肆钱正。其田限十年之外，不拘年限随便价到田还。立批。

代笔中兄宗尹铜钱壹千文
在见兄宗旦铜钱贰百文
见价母巫氏铜钱肆百文
乾隆五十六年十二月二十五日立

立卖田契。官二兄弟今有承父遗下田租一处，土名凹下塘湖洋丘田壹大节，原计租四升，愿带世昌眼中则官民米六合正。今因乏用，情愿此田尽问房亲，不能承买，托中送与圣帝元宵会国广、尹珀、梅长、宗尹等出首承买，即日三面言定，时价花边贰拾叁大圆正。即日银契两交明白，中间名无短少积折等情。其田委系父遗下之业，并无包卖重复等弊。自卖之后，即交会内另招。倘有上手不明，不干会内之事，系卖人一力抵当。其粮米照契供纳，二家甘愿，无逼成交口欲，有凭立卖田契为照。

即日批明实领到契内花边贰拾叁大圆正。外又酒席花边贰圆正。其田随便价到契还。立批。

依口代笔兄麟长
说合中叔集庆
在场母李氏
领价妻古氏
见领价男兰香庆
嘉庆十七年壬申岁二月初六日立卖田契　官二

从以上这三份田契所反映的情况可以发现，在清代中后期大美村频繁的土地变动中，当地的几个众会在这方面表现得相当活跃。笔者以为这一方面说明了宗教祭祀型众会在当地的客观存在，另一方面也说明了这一类型的众会具有相当的经济实力，民间社会凭借众会这种社会组织通过民间合资的形式买田置地，不断壮大自己的集体经济，从而为开展各种民间信仰活动提供了经济保障。笔者在大美村调查时，当地俗民谈到旧时本地有神社会这种众会组织，由它们组织开展各种民间宗教活动，印证了以上笔者的推断。

（三）祈福与公王出巡

旧时，在大美村，民间信仰最集中的表现为祈福与游神两种宗教行为。在俗民的心目中，关帝、观音和五显大帝是与俗民的日常生活联系最为紧密的民间俗神。因此，平时当俗民碰到困难时，首先想到的是去祭拜村中的各种神明，以期神明能够渡厄解祸。这就表现为每逢初一、十五、过年、过节，村民便会去祭拜各种神明。而在所有的神明当中，关帝、观音与五显大帝是村中最受欢迎的神明，换言之，俗民认为这三位神明最为灵验。因而当整个村子遇到天灾人祸时，村里则会组织俗民举行大型的宗教仪式。

1. 祈福

祈福有两种，第一种是指乡民以家庭为单位而举行的平安福。这种祈福活动的时间比较固定，一般年头祈福，年终完福。祈福的场所一般在宫庙，主要表现为信众三三两两自发到宫庙里进行，大多数情况下都是女性在组织参与。这种祈福形式主要是信众在岁首的某个吉日到宫庙中向神明焚香祷告，希冀神明保佑自己全家这一年顺顺利利，添财添丁添福，然后到了年尾，信众全家在这一年中如果平平安安，没有发生不顺之事，则会备好三牲供品来到神明面前完福，以感谢神明对自己的庇护。第二种是集体性的祈福活动。这种祈福活动在两种情况下举行，一是在固定时间举行，主要是在神明的生日或者某个节日举行。二是在乡间发生天旱水涝或者瘟疫流行以及庄稼闹虫灾等情况下，由俗民集体自发组织起来的祈求神灵保佑俗民不受上述灾害侵犯，一年下来顺顺利利的全族性求神活动。

在大美村，祈福活动主要是围绕着当地最受俗民欢迎的观音、关帝、五显大帝三位神明展开的。[①] 五月十三日为关帝诞辰，村民会在关帝庙前用三牲祭拜关帝，晚上从松口、隆文、松源请八音班在庙前弹唱。九月二十八日为五显大帝诞辰，信士会备好祭品到梅竹寺去祭拜五显大帝，下午在庙前的空场搭台做三天木偶戏。木偶戏团主要从福建上杭县请来，做戏时，戏班会将请来的三奶夫人的木偶像供奉在戏台边设置的神案上。据报道人讲，之所以这样做是因为农村秋天收割后，村民会在收获后的田地里种上蔬菜，但这时种的菜往往容易生虫，而三奶夫人能起到解除虫灾的作

① 笔者之所以认为关帝、观音、五显大帝是当地最受俗民欢迎的三位神明，一是根据报道人的回忆，二是笔者在大美村调查期间，从村中张春丹老先生家中找到一本老先生珍藏的上代流传下来的手抄本，该手抄本记载了乾隆年间本地举行祈福仪式的几篇《祈福请神文》，这几篇祝文涉及关帝、观音、五显大帝三位神明。

用。八月十五，尧塘堡还在尧塘老圩——卢家圩举行大型的祈福活动，八月十四日用跌胜筶的形式将五显大帝从庙中请到圩场搭好的神台上供奉，供俗民早晚烧香祭拜，同时，还要从大埔等地请“老三多”、“新荣天”、“新天彩”等戏班、汉剧班演戏，从十四日下午一直演到十八日晚上。整个活动由福首组织，福首有正福首一名和副福首若干名。担任福首的人一般以捐钱的多少来决定。民国时期，出五块光洋者可担当正福首，出两块光洋者担当副福首。正福首可在祈福期间享受食宿免费的待遇，副福首则在祈福期间吃一顿正餐，并得到一个灯笼。在民国以前，大美村村民主要靠农业为生，境内虽然水资源比较丰富，松源河绕村而过，但是旧时由于生产力水平十分低下，对各种天灾人祸无能为力，加之人民深受封建制度的盘剥，生活十分艰苦，因此无法去改善生产生活条件，丰富的水资源也得不到有效的开发利用，村民只有靠天吃饭。而每当春夏之交和入秋后这两个时节，经常出现久旱不雨的现象，又加上气温上升，天气十分酷热，容易引发各种疾病和农田虫害。在这种情况下，村中便会有乡绅牵头组织村民置办香烛、三牲等祭品，在村中祠堂前或是宫庙前的空地搭起神场，选定一个良辰吉日，将神明供奉在神场中一个搭好的神台上，首先是上香、摆放祭品，其次是由礼生宣读祈福请神的祝文，告诉神明举行这次活动的原因，将列位神明请到村中，再次是给神明上表，最后是组织全村老少在神明前祭拜，以期让神明大发慈悲，解厄渡困。祈福活动所需的费用一部分由公尝和各种神明会垫付，再就是福首的捐纳和祈福期间赌博抽水所得，不够的向乡民认捐，一般来讲乡民都能踊跃捐纳。不管是何种情况，祈福的仪式都大同小异，所不同的只是场面的隆重程度。关于祈福仪式的详细过程和细节，从下面这篇《祈福请神文》中可窥一斑：

伏以焚香躬身拜请年值功曹月值事者、月值功曹日值事者、日值功曹时值事者、值日传香童子、奏事童郎、传奏上界昊天金阙玉皇大帝、东极青华大帝、西极昊灵大帝、南极长生大帝、北极紫微大帝、中极皇明大帝、三元三品三官大帝、日月两宫天子、南北二斗星君、普天列曜满汉星君、日宫太阳星君、月宫太阴星君、三十六禽星君、二十八宿星君、三台华盖星君、六十花甲子星君、金木水火土星君、本命元辰星君、披头血刃星君、罗计□星君、交限脱运星君、南极老人星君、擎天游奕星君、流年三煞星君、当年大岁星君、注福注禄星君、消灾降福星君。祈求上界神祇巍巍下降，端坐莲台。再来拜请中界神祇当州府县城隍。上界金皮金甲王，中界银皮银甲王，下界铁皮铁甲王。梅竹寺佛堂三宝、海会圣贤观音菩萨、菩庵祖师、阴那灵山修身得道惭愧祖师、玉封五通五显灵官大帝、千里眼、顺风耳、花公花母、九子圣母、鉴牲大王、平称仙姑、鸡子社东衙三将、文将一郎、武将二郎、烈将三郎、松源龙眼公王、彭坑宫三洞公王。再来拜请本庙敕封三界伏魔协天大帝、神威远镇天尊关圣帝君、左关平右周仓、抽签童子、判告童郎、本庙土地杨大伯公。再来拜请上至溪源梅溪安济助国公王，下至水口田君里社真官、五方把界驱邪逐瘟使者、当日虚空过往、当方土地见闻等众门神户尉、井灶龙居。各带随来香火，有事通闻，无事不敢乱请。今处大清国广东道直隶嘉应州溪二图尧塘甲大塘尾居所。祈恩福首信士张某某等切见今年某季以来，天气炎热，瘟瘴横行，心中惶惶。诚恐人民有灾，又恐大岁不安。预先作福，免得后灾。今福首某某等诚心斋戒，谨卜本年某月某日合得六神通利，四道开张，虔备香灯茶酒、斋蔬果品，当天结立抬棹二座。上界香灯茶酒、斋蔬果品、文疏一对、长钱一对、云马十二匹、代人十二身。中界宰杀洪猪一口、雄鸡一只、水中鲜鱼、黄禾米粄、腥牢熟牢，列在案前。一请理当二请，二请理当三请，三请既毕，四请既周。上界神祇，众信具有文疏一对，对案读明。然后洪火化烧币钱脚下，保佑众信人口。家中十件好事。保佑老者得福，少者得禄。老如青山不动，少如江水长流。嫩者花园端正，桥道光明。一年四季八节安康。读书者聪明智慧，未进步者早进泮宫，既进步者连升三级，耕田者积谷千仓，丰登大熟，胜过尧舜之年。做生意者买卖兴隆，好人相迎，贵人相邀。出屋求财者东去遇财，西去遇宝，脚踏四方，方方得利。空手出门担财入屋，路上捡银，路下捡金。保佑众信家下畜养疵生乌皮猪子、猫儿犬，鸡公鸭母，圆毛扁毛，阵阵成群。一母向前，百子随后。好事既蒙保佑，歹事一仝捡札。捡札五姓贼人，如若有侵犯众信者，打他回心转意，商量不定，计较不同，反刀自杀，反火自烧。大头老虎、狐狸怖狗，逐开去远千里，上来隔山，下来隔海，画断地头，打断地界。火烛打落九龙宫万丈深渊。目今某季禾苗有翼之虫打在云霄里，无翼之虫打落阿牢地狱。不敢重重保佑，不敢重重捡札。再酌上神酌，酌上神浆。交纳一巡、二巡、三巡酒礼。来有香灯所请，转有币钱奉送。适来冒渎，不敢久留。上界众位星君各回龙宫，各回龙位。中界神祇各各有宫归宫，无宫归位。本庙关圣帝君、手下兵、手下将，本庙土地杨大伯公退下酒口，无送镇顿金炉。自今祈福以后，托赖神力，来则有恩，去则当降福。

2. 公王出巡

对于大美村乃至整个尧塘（堡）来讲，五显大帝在当地俗民心目中地位最高，这不仅表现为对五显大帝的信仰程度深，每逢初一、十五、年节都会到五显大帝神像前焚香祭拜，而且五显大帝的信仰圈在当地最大，其信仰范围涉及整个尧塘十甲。尧塘十甲将五显大帝作为全堡的福神顶礼膜拜。这十甲分别是松林、竹刃、石螺江、练坑、余坑、大美、显朝、深教、麻坝、诰上。其中，松林、竹刃、石螺江、练坑、余坑又称上五甲，大美、显朝、深教、麻坝、诰上又称下五甲。每年四月初八，尧塘十甲按照甲、乙、丙、丁、戊、己、庚、辛、壬、癸十天干的顺序轮流做神首，举行游公王的迎神赛会，将五显大帝从庙中抬出扛到以上十个村中去巡游。邻近乡里的亲朋好友于四月初六和初八分别云集于上下五甲，走亲访友，场面煞是热闹壮观。按照惯例，上五甲的俗民四月初六吃素，下五甲的俗民四月初八吃素，每年相轮换。据报道人介绍，之所以要在每年的这个时候游五显大帝，是因为每年到了这个时候，尧塘（堡）境内往往天气酷热难当，滴雨不下，而这个时候，刚刚栽下的禾苗又急需用水灌溉，在这种情况下，村民只有求助神明的庇护，而五显大帝是当地的福神，因此每年到了这时，俗民便会将五显大帝抬到全堡境内巡游一番，以求天降甘露，解决俗民的困难。

游公王前的具体程序如下：

首先是需做好各种筹备工作。先在村中选定人做游公王的总理（一人）和副理（若干人），乡人俗称“头子”，成立一个临时性的管理机构，负责处理游公王的一切大小事务。总理、副理的人选标准是他在当地是否具有相当的威望和较强的办事能力。其次是筹集经费，经费来源主要是靠山上的树木和河坝的竹子，一般每年到了游公王的前几个月，村中都会组织村民去砍伐竹木，然后到潮汕地区去卖或者将其出售给前来收购的竹木商人，卖出所得就用作日后游公王的开支。另外的经费来源是华侨、本地生意人以及乡民的捐赠。经费主要用作以下几个方面：一是添置神轿、锣鼓、灯笼、彩旗等迎神的仪仗具物，二是用作游神时从别处请八音班的费用，三是用于置办三牲、香烛纸炮等祭祀用品。再次是物色并训练游公王时唱公王歌的童子。当地游公王时，每到一个地方都要由一个七八岁的口齿伶俐的小孩背诵公王歌。这一个环节在准备工作中显得尤为重要。因此每年轮到大美村游公王前三五个月，村中总理便会打听询问谁家有符合条件的小孩，并圈定几个人选，亲自登门进行考察，主要考察小孩的记忆力、长相以及应变能力等诸方面，最终挑出一个最佳人选，并对其进行专门的培训，主要是教他将公王歌背熟并告知什么情况下要诵读公王歌，以防出差错。被挑到的人家自是欢天喜地，因为是为五显大帝出游服务，自感无限荣耀，家长也是日夜督促小孩学习公王歌。因而往往不需一两个月，小孩便能将长达千字的公王歌词背得滚瓜烂熟。

一切准备工作就绪后，到了四月初八那天，村中便由总理组织村民开始游公王。游公王的具体过程如下：

先是将三牲等祭品用郑格（客家乡村装祭品用的器物）抬到梅竹寺五显大帝神像前摆放好，然后是总理领着村中的耆老信士等来到五显大帝的神位前，对五显大帝行三叩九拜之礼，礼毕后，一礼生将村中要将公王爷抬到乡境去巡游之事虔诚地禀告给大帝爷，请求大帝爷恩准，并强调如果大帝爷允准的话，下面就会跌胜筈。这时总理便代表全村信众来到神案边跌胜筈，通常要跌一两次才能跌到胜筈，但有时碰巧一次便能成功。获得大帝爷的批准后，村中的两位壮汉便会小心翼翼地将大帝爷的神像捧下神台，放于停放在庙门外的神轿中，一切准备就绪，便开始整理游神队伍，总理便会指挥队伍按顺序排列好。走在最前面的是一对铜锣，接着是一对灯笼，然后是大帝爷的神轿和唱公王歌的小孩坐的小轿，神轿由两个壮汉抬着，而小轿只不过是由一把大靠椅边上绑了两根竹竿做成，小孩就坐在靠椅上。紧随其后的是几十面各种各样的彩旗，再其后是村中从外地请来的八音班，随时准备吹拉弹唱，最后面是村中跟随看热闹的人群，有骑马的，有坐轿的，整个队伍煞是壮观。游神队伍从梅竹寺出发，按照轮值当神首的顺序巡游尧塘堡的十个村落。其路线为松林—竹刃—石螺江—练坑—余坑—大美—显朝—深教—麻坝—诰上。由于整个游行时间只有一天，因此游神的时间安排比较紧凑，一般是早上五六点钟便开始出宫，晚上十点左右才回到梅竹寺，并且每到一村，并不要全村巡游。一般来讲每个村落都会在该村的中心地点（多是祠堂前面）的空地搭设神场，供信众膜拜祈福。游神队伍一到神场，便会将大帝爷从轿中捧出放于临时设置的神台上，同时将三牲等祭品摆放好。这时村中一长者便会对着公王唱请神歌。笔者向报道人询问请神歌的内容，惜已无人能够回忆起，不过笔者推断其内容与上文提到的祈福请神文的内容应该相差无几。唱完请神歌，唱公王歌的小孩便从轿中下来，对着五显大帝大声诵读公王歌。公王歌唱毕，信众们便在村中耆老的带领下对着五显大帝焚香祷拜，祈求公王行善降福，向公王表达各自的良好愿望。祭拜之后，长者又开始唱送神歌。送神歌内容如下：

来有冥香相请，去有钱财奉送，奉送便劝圣传勒旨，菩萨再请排班，帝主皇子皇孙逐驾回宫，皇后夫人登龙车入殿，意欲求谋思留圣驾。奉送诸位佛爷转佛堂，阖乡老幼各安康；奉送关爷入庙廷，灵神祈保一乡宁；奉送社官归本衙，田禾五谷密如麻；奉送田君与社神，百鸟重重化为尘。一送一里神家欢喜，二送二里神归本位。天神归天，地神归地，本境之神各归原位，后有再请，复望降临。

唱完送神歌，八音班奏起音乐，信众燃放起鞭炮，一时间鼓乐齐鸣，鞭炮声此起彼伏。游行队伍又重新起程，赶往下一个村落。

五、神明信仰与乡村生计

从对大美村卢、张两姓宗族社会和村境神明崇拜活动的考察情况来看，笔者以为在客家地区宗族、圩市、神明信仰三者在早期客家社会对于一个族群的生存具有很重要的意义。这些田野考察，充分说明了研究客家传统社会，从上述三点进行剖析无疑是一个很好的切入点。

第一，客家早期社会，宗族无疑是加强族群凝集力最为有效的途径和手段。大美村卢、张两姓在其宗族发展史上，十分敏锐地看到了这一点。据张氏族谱记载，张姓开基祖得成公原先居住在松口，后为躲避松口繁重的赋税而来到饶塘，并且寄居在显朝的同姓张均亮家，谋求发展，最终得以发展壮大。该族谱还有张家女婿的后裔改姓张的记载，但对张均亮一族的去向下文并没有交代。笔者以此推断，他们都归于得成公一族了。后来张姓为寻求在地方的竞争力，还联合周边的松林、石螺江、黄沙口、松源东山四地的张姓建立五户祠，以加强宗族实力。卢姓虽没有张姓那种归宗的情况，但是他们一再强调自己在尧塘开基是一种众望所归的行为——尧塘受过卢光稠恩惠的众乡亲苦苦挽留的结果，并且利用这种关系重树宗族的象征体——卢家祠，无形中加强了本宗族的力量。台湾学者陈其南、庄英章等人在研究台湾岛内的移民社会时，谈到台湾存在两种宗族形式，一种是阄分式宗族，一种是契约式宗族。后者实际上是一种通过联宗形式而形成的扩大化宗族。它是由几个不同支派的成员组成的，一般出现在移垦社会时期。大美村的宗族发展实例正是后者的生动反映。大陆学者在研究福建、广东家族社会时也注意到这种家族组织的存在。如福建学者郑振满先生使用了合同式宗族的概念来区别于其他不同类型的宗族组织。广东学者房学嘉先生通过他多年来在客家地区的田野调查也充分证明了这种契约式宗族在客家地区的普遍存在。笔者以此推断，之所以在客家传统社会契约式宗族比较普遍，乃是因为客家社会是一个移民社会，移民社会中移民所面临的生存压力决定了不同的族群为了共同的生存竞争而必然发生各种分化组合，这种分化组合的最终结果是契约式宗族的产生。

第二，圩市是宗族竞争和发展的产物，同时也是宗族能够得以不断发展壮大的重要社会资源。卢姓来尧塘的时间比张姓早，尧塘堡的老圩于乾隆年间设立在显朝境内，为卢姓所控制，张姓乃至其他族群要从事商业活动，难免要受到卢姓的限制。卢姓拥有的这种地利之便终于在同治年间因麻坝圩的开设而改变。后来张姓竭力创造各种条件，如十三世张瑶甫修建连接松源河两岸的砥柱桥，在麻坝开圩，最终新圩繁荣起来，老圩日渐衰落下去。这种圩市对于宗族的发展作用实际上在今天的宗族力量对比上得到了印证，张姓现在已发展为桃尧镇的第一大姓，约占全镇总人口的40%。大美村的这种情况在其他客家地区可以说是一种较为普遍的现象。一个宗族要想在一个地方寻求发展，总要将圩市作为一个重要的资源牢牢地掌握在自己的手中。

第三，神明信仰在传统社会对于宗族的生存发展具有不可替代的作用。首先，神明信仰在客家地区的族群之间表现出一种对立统一的关系。对立性体现在不同的神明被不同的族群作为各自的保护神。在大美村，由于卢姓来得早于张姓，因而卢姓很早就圈定了自己的“势力范围”，但是在传统社会，由于乡村社会属于自治的形式，卢姓这种行为只是一厢情愿，无法令别人心悦诚服地接受。在这种情况下，卢姓必须找到一种有效的形式让别人接受，于是他们看到了神明信仰在民间的威慑力量。在梅县地区，梅溪公王以其舍身救民的壮举赢得了当地民众的极大尊重，成为梅江沿岸人们比较信仰的神明；社官为一土地神，也是家喻户晓的，而从卢姓村境缓缓流过的松源河是梅江的一大支流。在这种前提下，卢姓将二位神明置于村头和村尾，作为村境的保护神，并口耳相传二神的职责（与现在的门卫相当），外乡人要想进入卢姓势力范围，必须征得二位神明的允准。张姓“后”来乍到，不好“卢云亦云”，加之沿河地带地理条件好，且早已被卢姓占据，村境离河已是有了一定距离，再来附会梅溪公王和社官二神较为勉强，也没有什么“新意”。于是，张姓没有设立梅溪公王庙和社官庙，而是别出心裁地营造了一个本宗族的护法神——法进大伯公，并编造各种传说为法进大伯公笼罩上一层神秘的面纱，这还不够，族人还进一步将法进大伯公的法力具体化，宣扬法进大伯公在村中东、南、西、北四个方位各埋下一坛法水，而不是像卢姓宗族那样仅仅在村头、村尾各设立一个神宫，有了这四坛法水，任何邪教进入不得。言下之意我们张姓的“防线”与你们卢姓相比更是固若金汤。

统一性表现在当不同的族群面临着共同的生存压力时，各个族群之间又能够以一个神明为中心联合起来。这在大美村就体现为当村境遇到天旱、瘟疫等自然灾害时，卢、张两姓乃至更多的姓氏能够联合起来共同举行游神活动。从这一方面来讲，神明崇拜在客家地区对于凝集族群的作用又是其他形式不可替代的。

其次，客家地区的神明崇拜活动隐含着许多现代经济因素。在大美村存在着许多神明众会组织，如圣帝元宵会、关夫子会、神社会等，这些会都是以合股的形式成立的，其成立的初衷是满足成员祭祀神明的心理要求，但是发展到后来，它已经从一种祭祀组织日益蜕变成一个经济实体，这从前文讲到的上述众会在民间土地买卖中所扮演的角色中可以得到印证。

此外，大美村这一个案还显示出客家文化的地区性差异。由于大美村位于闽粤交界处，而且村中的卢、张两姓都是从福建迁来开基的，因而大美村的宗族文化不可避免地受到福建客家文化的影响。个案材料所表现出来的宗族文化主要反映在大美村的民间信仰上。一般而言，普庵祖师、三奶夫人是福建比较流行的宗教神明，而在大美村这二位神明也有一些影响力，如祈福请神时要请普庵祖师，酬神演木偶戏时要供奉三奶夫人的神像。这种情况在不与福建相邻的粤东其他客家地区却未曾出现。

参考文献

［1］（乾隆）《大美张氏族谱》（手抄本）。

［2］《范阳堂卢氏族谱》（手抄本），1989 年。

［3］杨彦杰：《闽西客家宗族社会研究》，香港：国际客家学会、海外华人研究社、法国远东学院，1996 年。

［4］房学嘉主编：《梅州河源地区的村落文化》，香港：国际客家学会、海外华人研究社、法国远东学院，1997 年。

［5］陈宝良：《中国的社与会》，杭州：浙江人民出版社，1996 年。

【附录】

吾乡（大美村）每年正月廿日前后祖堂开祭行大礼款式

通唱：祖堂肃静，致祭者分班序立，司乐者掌号发炮，击鼓鸣金，吹大乐，吹小乐，执事者，各司其事，主祭者就位。正引唱：就位。各主祭然后就位。通唱：瘗毛血。执事将毛血覆虞神龛下，参神鞠躬拜，凡四跪，平身，盥洗。正引唱：请于盥洗所盥洗。复位。通唱：执事焚香。正引唱：请于香案前跪，上香，一代书香，二代书香，代代书香。通唱：降神，酹酒，献祝帛，俯伏（即将酒滴于地下），兴拜，凡二跪，平身，行初献礼，执事者举爵奉馔。正引唱：请于大始祖大四郎张公妣李大孺人、开基始祖考得成张公妣周大孺人、三世祖考永泰张公妣沈大孺人之神位前跪，进爵进禄，祭酒。执事将酒滴于地下，奠酒，俯伏，兴，平身，复位。通唱：行初献礼。执事者举爵奉馔。左右引仝唱：请于左昭右穆列祖考妣神位前跪，进爵禄，祭酒，奠酒，俯伏，起，平身，复位。通唱：拜，兴，凡二跪，读祝文，毕，俯伏，兴，复位。通唱：行亚献礼。正引亚献，分献俱仝，不必唱祭酒，只唱奠酒，行三献礼，与亚献、分献俱仝，毕。通唱：行侑食礼，执事举瓶，主祭奉瓶，恭请神前位跪，侑食。各主祭、分献将酒斟满碗中，毕，将酒壶放台上，复位，俯伏，兴。主祭退班与祭，分献，献毕。通唱复位。奉粢盛羹汤。正引唱：请于某某神位前跪，进粢盛羹汤，献春茗，俯伏，兴，平身，复位。通唱：分献礼，奉粢盛羹汤。左右引唱：请于左昭右穆列祖考妣神位前跪，进粢盛羹汤。

祈福文疏表式

上（夏）季祈福用

伏以

　　帝德辉煌四表叨生成之泽

　　神功浩荡万人沾庇护之恩

届值夏日之临倏肇炎威，恭迓天庥之至获吉祥。今处大清国广东道直隶嘉应州溪二图尧塘甲大塘尾居所。祈恩福首信士（生）等诚惶诚恐稽首顿首上言，窃念天京照临咸依日月之光，地道凝载群沐咸宏之德，忝值人类既熙熙而乐生，愧无片善对苍苍而酬。兹遇大化流行，盛德在火，炎帝司令祝融为神，气候滔滔酷烈，或为炎眚，人心惶惶，斋戒以祈吉祥。伏望上帝列神，慈航覃布，慧剑长挥，开甘露之门，广福履之绥。谨卜本年某月某日六神通利，四道开张，众信斋明，恭陈果酒，不腆微礼。窃同蕴藻之羞，诚心上言，乞鉴明信之悰，谨将众信开列于左。

福首某某等
信士某某等　暨合族眷等诚心奏

上：昊天金阙玉皇大帝、东极青华大帝、西极昊灵大帝、南极长生大帝、北极紫微大帝、中极皇明大帝、三元三品三官大帝、日月两宫天子、南北二斗星君、普天列曜满汉星君、日宫太阳星君、月宫太阴星君、三十六禽星君、二十八宿星君、三台华盖星君、六十花甲子星君、金木水火土星君、本命元辰星君、披头血刃星君、罗计□星君、交限脱运星君、南极老人星君、擎天游奕星君、流年三煞星君、当年大岁星君、注福注禄星君、消灾降福星君、玉封五通五显灵官大帝、敕封三界伏魔协天大帝、神威远镇天尊关圣帝君、本境田君里社真官、驱邪逐瘟使者、当日虚空过往、当方土地见闻等，众伏望自今祈福以后，帝德长庇，早赐天官之福，神光遐照，群作地上之仙，民无夭札颂五福而祝三多，物无疵疠庆其淳，风调雨顺，乐化日之舒长；灾殃消灭，喜百福之骈臻。某等无任瞻天仰圣，真诚恪恭之至，谨奉表以闻。

天运某年某月某日福首信士张某某等　暨合族百拜上申

秋季祈福用

伏以

帝德辉煌四表叨生成之泽
神功赫濯万人沾呵护之恩

届桂秋之序，凉风既至，拼霜露之灾万福攸同。今处大清国广东道直隶嘉应州溪二图尧塘甲大塘尾居所。祈恩福首信士某某等诚惶诚恐稽首顿首上言，窃念天京照临咸依日月之光，地道凝载群沐咸宏之德，忝值人类既熙熙而乐生，愧无片善对苍苍而酬。兹遇日光凄凄，盛德在金，少昊其帝，蓐收为神，金风飘飘，阴肃恐老灾患，人心凛凛，斋戒以翼神庥，伏愿上帝列神，慈航覃布，慧剑长挥，开甘露之门，广福履之绥。谨卜本年某月某日六神通利，四道开张，众信斋明，恭陈果酒，不腆微礼。窃同蕴藻之羞，诚心上言，乞鉴明信之悰，谨将众信开列于左。

福首某某等
信士某某等　暨合族眷等诚心奏

上：昊天金阙玉皇大帝、东极青华大帝、西极昊灵大帝、南极长生大帝、北极紫微大帝、中极皇明大帝、三元三品三官大帝、日月两宫天子、南北二斗星君、普天列曜满汉星君、日宫太阳星君、月宫太阴星君、三十六禽星君、二十八宿星君、三台华盖星君、六十花甲子星君、金木水火土星君、本命元辰星君、披头血刃星君、罗计□星君、交限脱运星君、南极老人星君、擎天游奕星君、流年三煞星君、当年大岁星君、注福注禄星君、消灾降福星君、玉封五通五显灵官大帝、敕封三界伏魔协天大帝、神威远镇天尊关圣帝君、本境田君里社真官、驱邪逐瘟使者、当日虚空过往、当方土地见闻等，众伏望自今祈福以后，帝德长庇，早赐天官之福，神光遐照，群作地上之仙，民无夭札颂五福而祝三多，物无疵疠庆其淳，风调雨顺，乐化日之舒长；灾殃消灭，喜百福之骈臻。某等无任瞻天仰圣，真诚恪恭之至，谨奉表以闻。

天运某年某月某日福首信士张某某等　暨合族百拜上申

关帝表式

伏以

帝光普耀，威灵灼于九天；
圣德溢洋，惠恺周乎四域。
浩气贯白虹，桃园珠义；
丹心炳青简，汉室标忠。
大帝英烈，人望恩波。

今处大清国广东道直隶嘉应州尧塘甲大塘尾居所。祈恩福首信士（生）张某某等窃念天日照临生成之德至大，灵神赫濯呵护之恩甚宏。兹遇日光凄凄阴肃，恐来灾患，人心惶惶，斋戒以祈吉祥。伏愿大帝功彰护国，惠遍群黎，瞻大德之同天，普施甘露，洒深恩于大地，用开慈航，赤兔注日，既垂戮奸之功，白剑分霜，翼下除妖之威。谨卜本年某月某日六神通利，四道开张，众信斋明，恭陈果酒，不腆微礼。窃同蕴藻之羞，诚心上言，乞鉴明信之悰，谨将众信开列于左。

福首信士某某等　暨合家眷等诚心奏　上

敕封加封三界伏魔协天大帝、神威远镇天尊关圣帝君。伏望自今祈福以后，帝德光昌，赐天官之福；神威肃穆，迅除域内之灾。小民无夭札，群受帝泽，畜物无疵，胥沐身感恩。某等无任瞻仰，激切之至，谨奉表以闻。

乾隆二十四年六月初一恭迎茶亭里

观音大士在门首和坪作福表

伏以

神光照耀，金容灼于九天；

慧善能仁，普济周乎四域。

杨柳垂瓶中，香分南海；

莲花开座下，景占西湖。

大士名芳，人望慈悲。

今处大清国广东道直隶嘉应州尧塘甲大塘尾居所。祈恩福首信士张某某等诚惶诚恐稽首顿首上言，窃念天日照临生成之德至大，灵神赫濯呵护之恩甚宏。兹遇夏日炎威，人或撼于灾眚，卜夫吉辰，群思迎乎福祉。伏愿观音大士，化身人间，妙法赫奕，不忌苦难，普施甘露之恩，两字慈悲，大开般若之航，变通广大，慧云用覆州里，康民阜物，紫竹同遮林中。谨卜本年某月某日六神通利，四道开张，众信斋明，恭陈果酒，不腆微礼。窃同蕴藻之羞，诚心上言，乞鉴明信之悰，谨将众信开列。信士某等，伏望自今祈福以后，大士光庇，早赐天官之福；慈悲远到，群作地上真仙。发戒三涂，民尽化夫夭札；恩流六宇，物亦遂乎长生。灾殃消灭，百福骈臻。某等无任瞻仰大士，激切之至，谨奉表以闻。

尧塘堡五显大帝出游公王歌①

祥云化作一祠堂，松柏迢迢列两行。三阁金灯盏，四盼听我耀日光。五凤楼台排玉簇，六幅栏杆列凤凰。七灯罩起二株阁，八卦金龙遮画梁。九建大庙神瞻仰，十方人来献烧香。（锣三下）

复望我王一宫殿，二有左右童子相随。三有恶整动乾坤，四有云灵前引驾。五有金花朵朵新，六有纸炮金带挂龙身。七尊左右香掷，八宝装神力士。九尊大显尊神，十方世界人尊敬。（锣三下）

白云飘散紫露光辉，望见前呼与后拥。乃是我王圣驾来临，合乡人等

---

① 据村民介绍，该公王歌大约为清末民初时村里秀才而作。

尽迎神。（锣三下）

阶前玉鼓响叮当，金银力士列神行。一下尽鞭三下响（锣三下），文武官员列两行。

请下红莲端正坐。（锣三下）

今有福首某某乡某某村，迎出公王游行乡境，伏望我王天宫莫往，地府休过，休往他方世界，竟往徽州府灵山德兴县婺源州无游山，灵山会上佛主殿，佛中上圣、天下正神，宫宫通过，殿殿通闻，速去速来，明香相待。（锣三下）

但见我王登程，不免请下龙车。穿廊入庙引出宫殿，三呼殿下丰口开坛。（锣三下）

圣父大讫尊君，圣母懿德皇后二位，天仙公主，三十六宫皇后，四员宰相，五宫助国夫人，六部尚书，皇子皇孙，皇家贵属，娇娥美女，殿上文官，殿下武列，随行白衣土地，左道千里眼，右道顺风耳，三十六布金枪力士，七十二位火鸦神兵，三位相公，四位总官，五谷大帝，一十八尊罗汉观音菩萨、普庵祖师、地藏菩萨、尊武祖师、关圣帝君，左关平右周仓，花公花母，九子圣母，鉴仙大王，平称仙姑，大塘头上敕封三届伏魔大帝、神威远镇天尊，请得东来东坐，西来西坐，南来南坐，北来北坐。中心驾起莲花大座，尊者居上，卑者列下。众神便作鱼鳞相聚，莫作虎牙相咬。迟来晚坐，合坐相容。（锣三下）

今有福首某某乡某某村到于某某乡某某村，各个信善信士装起小心明香，点起高灯银烛，高山绿水浓茶，壶中清酒，搬运果盒，黄禾米粄，福料财仪，斋有斋戒，荤有荤戒，迎出公王下马，谨当香献。

献上我王一炉香，香烟化作一祠堂。诚心上祝梧桐寿，万户千门大吉祥。

香献一迄，茶献一周，献上我王一盏茶，春三四月正生芽，伏望我王亲鉴纳，祈求福力享荣华。

初献杯中竹叶青，神前瞻拜鞠躬人，伏望我王亲鉴纳，愿保合乡享太平。

二献我王味清香，四海江湖日月长，伏望我王亲鉴纳，祈求福力保安康。

三献我王酒满筵，珍珠跌落万人传，神明赴席开怀饮，和气满堂总是春。

香献一迄，茶献一周，小曲酒、珍珠红，琉璃盏、琥珀浓，献上一杯复一杯，众神映着山花开，映尽一点丹形色，马蹄轻快捷如云。

第六章　风水信仰与祖先崇拜之争
——客家二次葬习俗形成的文化分析

客家文化作为华南地区地域文化的重要组成部分，保留了极具历史韵味和传说成分的原生态文化，其中文化习俗方面保留着特别多的传说成分，这些传说也成为客家乡村社会老百姓最为津津乐道的“客家文化”，且代代相传。重视文本研究传统的历史学者在对这些传说进行研究分析时，常常会觉得无所适从，因为如果将这些传说与地方历史文献进行比对分析，常常可以发现互相矛盾之处。因此如何去诠释客家地区的传说故事便成为历史学者的困惑——假定这些传说是不真实的，那么这些传说故事的文化意义何在。

“如果说我们现在还能够做一些什么的话，显然就不是对这些祖先移居传说进行史实性的诠索，而是要说明支撑着作为社会性事实的这类传说的形成、普及和再生产过程的华南居民的意识结构。”[①]日本文化人类学家濑川昌久对客家族谱中记载的客家人迁徙传说的精辟论述无疑为我们开启了一扇解读客家地区民俗传说的文化意义的大门。本章将对客家地区的二次葬习俗的民间传说进行分析，力求从历史人类学的视角来解读客家地区二次葬习俗的传说对于客家人的认同的文化意义，以期丰富我们对客家民俗文化的理解和认识。

一、客家二次葬概述

二次葬为我国南方许多民族的丧葬习俗，一般为初葬若干年后，再通过正式仪式打开棺木将尸骨取出重新安葬。考古发现，早在仰韶文化时期就有二次葬习俗。其原因有二，一是古人认为人之血肉属于阳世，必须待其腐朽之后再作正式埋葬，这样死者灵魂才能脱离尸身进入阴间；二是实行氏族或家族合葬的需要。

粤闽赣客家地区客家人一般会在人死后三五年时进行二次葬，一般会

---

① ［日］濑川昌久著，钱杭译：《族谱：华南汉族的宗教·风水·移居》，上海：上海书店出版社，1999年，第231页。

选定在八月初一这天进行，俗语“八月初一墓门开”。开棺前必须烧纸钱和香，同时，在坟墓的一旁须按人的形状铺好草纸，如果有阳光的话，还需要撑伞，这是为了保护逝者的魂魄不受阳光的照射，避免逝者的魂魄遭受阳光的破坏。开棺和捡骨（客家人一般称为“捡金”）是由专门的人进行的，这类人被乡人称为“改死老”。骨头按从头部到脚部的顺序捡起：首先，按从头到脚的顺序把骨头放在事先铺好的草纸上；其次，用白酒（各地可能略有不同）洗净；再次，按从脚到头的顺序把骨头放进一个长方形宽口的陶瓮（客家人称为金罂、金埕）中，使逝者的骨架呈坐姿式，金罂内应该写上逝者的姓名。另外，有一点很重要，那就是金罂要标注前后，以避免再次安葬时将逝者的面部背着墓碑。旧墓不能重新覆土填平，要让其顺应自然地变化。二次葬时，应在选定的风水宝地重新安葬，一时未找到穴地的，应把金罂暂时放在村落的山崖下或村边的竹林等空旷之地，待找到穴地，再次安葬；最后，做坟落葬。

二、明清客家地区地方文献中的二次葬习俗的文化表述

明清粤闽赣客家地区的地方志中留下了大量的二次葬习俗的记载，几乎现在认定的每一个客家县市都存在这种丧葬习俗。兹列举代表性的如下：

同治《赣州府志》卷 73《艺文志·改葬论》记载：“今闻定邑，始葬者不必择地，五、六年或七、八年后，乃发圹启棺，检敢骸骨贮之于罐中而改葬焉，名曰‘金罐’。”同书论述这一习俗产生的原因为：“或曰风气既久，阴阳祸福之说因之。此地改葬者往往致福，不然将有患。”

顾炎武《天下郡国利病书》卷 100《广东四》记载，明代粤北之人“死三日则权厝之中土，三年后取遗骸为坟葬之”。同一篇文字又说，清代兴梅客家地区，“俗父母葬十年皆议改葬。改葬者以罂易棺，捡骨而置之”。

清人张新泰《粤游小志》载：嘉应州一带，“粤俗惑于风水……乃有既葬后，或十年或十余年复出诸土，破棺捡骨，谓之洗金”。台湾客家人的二次葬甚至被称为“捡风水”，在梅县丙村二次葬也被称为“做风水”。

乾隆《嘉应州志·舆地部·风俗》记载：

> 葬惑于风水之说。有数十年不葬者，葬数年必启视，洗骸，贮以瓦罐，至数百年远祖，犹为洗视。或屡经起迁，遗骸残蚀，止余数片，仍转徙不已。甚且听信堪舆，营谋吉穴。俗之愚陋，莫丧葬为甚。

乾隆《镇平县志》卷2《赋役志·风俗》记载：

丧葬……十年以外剖视骨殖或黑或黄，试净以瓮罂贮之，其色黄而润泽者，葬诸故穴，色黑而污朽者，则兆迁葬；棺内或为泥水树叶所积，皆有第土高下燥湿风水不宜所致。又有本为佳城，而房分或爽者，亦迁葬别地。但无分骸各葬之事耳。其或葬棺十年而肉不朽腐者，谓之养尸地，以为不吉，则以瓮罂盛骨。自足至顶，不少紊乱而迁葬焉。此列子所以致比于义渠而固习之难回者矣。

咸丰《长乐县志》记载：

葬后数年有因不利而改者，易以瓦罐。棺葬谓之重葬，瓦罐谓之轻葬。

嘉靖《惠州府志》记载：

长乐、和平滋不忍弃亲于土之说，有停柩期年、三年而后葬者，或葬不数年，惑于风水，启土易棺，火化而改葬者……纳骨于瓦瓶，名曰金瓶，迁葬而之它……亦惑于地师，数数易……

《石窟一徵》记载：

俗父母葬十年皆议改葬。改葬者以罂易棺。捡骸而置之罂，亦有虞失瓦棺之义也。捡骸曰捡金，故罂曰金罂。改葬者启其殡，见土色佣而燥，骨无朽，则仍葬故处。如土色黑而湿，骨将朽，则迁吉地。

同治《大埔县志》卷11《风俗》记载：

前志云溺于亲鸟及阴阳家宜忌之说，停丧多年，此潮属通弊，埔尚未甚。惟葬后轻于迁改，以罐易棺，头足倒置不恤。以至假穴占山，冒坟盗葬数繁案牍，此则习尚之最坏者耳。

从上述大量明清粤闽赣客家地区的地方志中对二次葬习俗的描述，我们不难发现，客家地区二次葬习俗的产生都是缘于客家人的风水观念：客家人认为，客家子孙的祸福全赖祖先的坟墓风水，如果祖先在阴世“生活”得舒适，即祖先的坟墓风水好，则能够为后世子孙带来福祉；反之，则招致祸害。而衡量祖先在阴世“生活”舒适与否的根据则是葬后数年尸骨的色泽，即“其色黄而润泽者，葬诸故穴，色黑而污朽者，则兆迁葬”。正是因为客家人对祖先坟墓风水的重视，才导致了客家地区二次葬习俗的形成。客家人的这种风水观念则是中华民族重视人与自然、社会和谐共生的古朴的“天人合一”的环境观的生动体现。

三、乡村传说中的二次葬习俗的文化表述

汉民族是极重“根”的民族，客家文化作为中国传统文化的“活化石”，原生态地保存了儒家文化的精髓，特别重视祖先崇拜的传统。客家人遵循“事死如事生”以及“丢什么都不能丢祖先”的人生信条，这种礼制一直延续了几千年。在客家乡村作田野考察时，但凡调查任何一个客家村落的开基历史，我们都可以找到一个相同版本的传说故事。故事的大致模式为：作为一个“迁移”的族群，客家人在迁移的过程中，清晰地认识到此一去不知何日是归期，为了能与祖先永远在一起，为了便于日后的祭祀，一般都是由家族中的长子或其他男子掘开祖先的坟墓，拾起残留的骸骨并装在准备随身携带的陶罐里，担挑肩背而行，并且在定居的前一晚，祖先总是会托梦于迁徙者——迁移过程中挑着祖先骸骨的箩筐绳索断裂的地方，便是家族定居之所。

在漫长而遥遥无期的艰苦跋涉中，客家先民披荆斩棘、风餐露宿，尽管团结奋斗、自强不息，仍不可避免地会有老弱病残者倒毙于迁徙途中。对于无家可归的南迁之民来说，迁徙导致生者无安定之所、死者无葬身之地，于是第一次埋葬往往草率而匆忙，这在他们看来是对祖先的极度不尊重。所以，等到安定下来之后再寻找途中亲人的骸骨，带到新居地进行隆重的二次葬。

广东梅县白宫镇乡民在描述自己家乡的民俗时记载：“九葬九迁，十葬万年。我想，大概是因为客家人崇拜祖先的风气很盛，再加上不断地迁徙，才有了这样的说法。为了不失去祖上的庇护，索性带上祖先的骸骨一同迁徙，一旦找到了安居之地，再重新安葬。于是洗骨迁葬，便成了客家

人独有的风俗。二次葬恐怕就是这种风俗的延续。"①

林清水在描述蕉岭县林姓开基传说时说道："明代永乐年间，七世祖林隐叟携带其父六世桂英公的骸骨，从大埔坐船溯韩江而上，沿梅江经过松口、丙村转石窟河，经过白渡到蕉岭新埔上南山，传说隐叟公登岸后挑着先父桂英公骸骨沿山麓西行，隐叟公挑着桂英公骸骨的箩绳突然断了。隐叟公认为这是祖宗显灵，于是在此定居，开基创业。"②

杨彦杰在调查福建客家地区蓝姓的历史源流时引用当地《蓝姓族谱》中《历代迁居始末记》一文，其中讲到蓝姓入闽以后的情况："元泰定三年丙寅一百二十六世祖河二郎公父子，携父熙三郎公夫妻金骸，迁于长汀城下里坪岭水口。"③

成书于20世纪70年代的由梅县人丘秀强、丘尚尧在台湾主持编修的《梅州文献汇编》丛书十二集，汇编中留下了大量客家人对于客家文化的回忆性文章。如汇编第二集中有一篇题为"客家人的美德"的电台采访，被采访者梅县人曾举直④在谈到客家人二次葬用的金罂时说："这种盛装骨骸的骨罐，在我的印象里面，的确是客家地区才有，跟你们刚才所说的一样，是有历史性的传统做法，这也就是因为过去连年逃避异族祸乱，方便将先人骸骨背在背上一同搬运，因此才做成这种长形的瓦罐……"⑤

类似上面的开基故事在客家地区比比皆是，不一而足。

从客家地区的每一个乡村聚落的形成历史传说中可以发现，粤闽赣客家地区乡村开基与聚落的形成，都是祖先为后人生存与发展的抉择，而正是在迁移与定居的不断变换中，形成了客家人独有的二次葬习俗。

四、二次葬习俗产生原因变迁的文化解读

从客家地区的文献与田野材料来分析客家地区二次葬习俗产生的原

---

① 叶丹：《白宫往事》，2005年，第15页。这是一本自传体回忆录，作者真实地忆叙孩童和青少年时期的所见所闻，以及求学读书经历，细腻地记述了20世纪二三十年代粤东客家地区一个平凡的山乡的社会生活、习俗风情、人文景观。作者叶丹1926年12月26日生于广东省梅县西阳白宫鲤溪村到鲤角。一岁时母亲病逝，从小和祖母一起生活。

② 林清水：《粤东蕉岭县新埔镇上南村民俗调查》，载房学嘉主编：《梅州地区的庙会与宗族》，香港：国际客家学会、海外华人研究社、法国远东学院，1996年，第64页。

③ 杨彦杰：《闽西客家地区的畲族：以上杭官庄蓝姓为例》，载房学嘉主编：《梅州地区的庙会与宗族》，香港：国际客家学会、海外华人研究社、法国远东学院，1996年，第191页。

④ 曾举直（1894—1981），国民党陆军少将，广东梅州市梅江区城北曾龙岌人，早年毕业于云南陆军讲武堂，后在粤军中任职。1931年后，历任国民党第一集团军独立第一师参谋长、第四战区高级参谋、百色警备司令等。1949年赴香港，后赴台湾。1981年2月在台湾病逝。

⑤ 丘秀强、丘尚尧编：《梅州文献汇编》（第2集），台北：梅州文献社，1976年，第8页。

因，可以归纳成两点：“葬惑于风水之说”与“迁徙的传统”。

然而上述两点原因的产生是明清以来历史发展的脉络中不断叠加的产物，并非一般认为的是两种因素综合的结果。成书于战国时期的《墨子》卷6《节葬》下篇曾指出：“楚之南有炎人国，其亲戚死，朽其肉而弃之，然后埋其骨，乃成为孝子。”这是一条关于二次捡骨葬的最早记载。本来为“孝道”行为的楚俗，在儒家文化高度发达的明清时代，无疑成为不孝的行为，为文人雅士所批判，认为是与儒家文化的“孝道”精神相违背的。于是从“珍护遗骸”之义衍生为“风水堪舆”之举，正如前举大量明清地方志所述。关于这一点，温仲和在光绪《嘉应州志》卷8《礼俗》中做了大量翔实的论述：

葬惑于风水之说。有数十年不葬者，葬数年必启视，洗骸，贮以瓦罐，至数百年远祖，犹为洗视。或屡经起迁，遗骸残蚀，止余数片，仍转徙不已。甚且听信堪舆，营谋吉穴……其初意原为珍护遗骸之义也，非全为祸福起见也。而其流弊则至于家有疾病或不如意，归咎于地址不吉，又复起骸。一时不得吉地而寄于田圹崖穴之间，愚民易惑犯大不孝之罪。此而谓为蛮夷之陋俗固也。然藏之义谓欲人之弗得见也。为不葬者言之也。郑所南翁谓凡子孙坚欲上穴为安厝计有数十年求之不得者，非唯死者不能妥其阴魄，而生者空劳心费财，有累养生送死。正礼强留死者未得入土骸骨，却为自己他时富贵之谋，岂孝子顺孙之用心哉。

有趣的是，温著又云：

按盛骸于罂不知作于何时，疑当日多从他处迁居，负其亲骸来此相宅，遂以罂盛而葬之。嗣又以流移转徙之不常，恐去而之他，故相传为捡骸之法，以便携带欤，乃尔宅尔田已安居乐业，于数百年之久，犹不能变此陋俗，抑又何也。此七权又非官长之所能禁，而在知礼之士大夫有以变质矣。①

显然，按语又将二次葬产生的原因归结为客家人迁徙的习性。民国闽西《上杭县志》卷21载：“又有改葬之陋俗，亡12年后棺朽而肉化，以罂易棺，捡骸而置其中，曰骸金罂，曰金罂迁，转徙不定，取先骸而珍藏

① （光绪）《嘉应州志》卷8《礼俗》。

之，便于携带。”于是“负骸相宅”成为清末民国以来客家地区对二次葬习俗的解读，从而演变成为客家乡村社会流行的二次葬知识。

可以认为，从“风水之惑”到“负骸相宅”的二次葬习俗的解读正是清末民初粤东客家意识兴起的社会产物。

清中期乾（隆）嘉（庆）朝以来，以梅州为中心的粤东客家地区人口高速增长，人地矛盾导致的生存压力促使粤东客家人向外迁移发展。在向周边特别是广府地区迁移的过程中，由于生存资源的竞争、文化的冲突，使作为外来族群的客家人为其他族群所诟病，被视为“野蛮的民族”、“不开化的民族”。关于这一点，可以参阅《民国时期梅县地方文献中关于“客家”的论述》①。在这种时代背景下，客家人为了证明自己中原正统的身份，竭力通过迁移的“史实”来证明自己中原汉人的血统，于是从渊源、民俗等诸方面来为自己证明。

比如传统客家酿豆腐的来历，客家地区普遍认为，其源于习惯在北方吃饺子的客家人，来到南方山区，苦于南方客家地区不产小麦，无法制作饺子，因思念故乡的饺子而采取的一种变通的饮食。而事实上，自古以来客家地区都种植小麦。同治《大埔县志》卷18《艺文下·立冬后十日咏大埔风土二首》：“农收晚稻总输税，陇亩旋催种麦忙”；光绪《嘉应州志》卷16《物产》亦载：“麦，有大麦、小麦，另有百日麦。按《岭表录异》所记：地热种麦，则苗而不实，故唐时岭外尚不宜麦，今则不然矣。晚稻既获即种麦，割麦之期于二月，割麦后即莳早稻，于青黄不接之顷得此而民不乏食。《尔雅翼所》谓继绝续乏之谷也。然瘠土之区岁收一麦二谷。地方尽矣。又相传环城四五十里之麦皆白日开花，故其味佳。北人谓性味与北麦无异，性质稍肥，作拉面易断，以榨油条较广。”可见，这种解释无疑是要用迁移的故事来强化客家人的北方血统。再如中秋吃月饼的来历。中秋晚上，汉民族风俗有烙“团圆”的习俗，即烙一种象征团圆、类似月饼的小饼子，饼内包糖、芝麻、桂花和蔬菜等，外压月亮、桂树、兔子等图案。祭月之后，由家中长者将饼按人数分切成块，每人一块，如有人不在家即为其留下一份，表示合家团圆。而客家地区对于中秋吃月饼的来历有独特的解释。客家地区民间有这样一个传说：南宋时，北方一些汉人不满金人入侵中原，准备组织反抗，但是金人控制很严，为了传递消息，统一行动，就把写有“八月十五杀鞑子（指金兵）”的字条藏在月饼中，用送月饼的方式联络群众。后来，八月十五成为一个民间的纪念日，

① 夏远鸣：《民国时期梅县地方文献中关于“客家”的论述》，载《第三届客家文化高级论坛：客家文化与文化产业发展论坛论文汇编》，成都：四川客家研究中心，2012年。

无论南方、北方，都继承了八月十五互送月饼的传统。显然，客家地区吃月饼的习俗，不仅仅是寓意团圆，还是在特殊的社会历史意境中传递信息，反抗异族“高压统治”的需要。

清末民初随着客家意识的兴起，罗香林、温仲和等一批客家知识分子参与到客家文化的建构和解读中来，特别是1933年罗香林《客家研究导论》的问世，第一次系统深入地对客家文化、客家人进行了客观的界定。作为“中原汉人南迁的产物”的客家文化，一切都打上了“迁移”的标签，在客家地区流传悠久、分布广泛的二次葬习俗也不例外，正如罗香林先生在《客家研究导论》中所说：“客家先民为寻求新的地方安居而一迁再迁至屡迁者，祖先葬地与子孙祸福有关，为了适应迁徙活动将先人‘遗骸盛于罂’背到新居地安葬。”在这些话语权的支配下和客家地区文人学者的不断推广普及的过程中，客家乡村社会的民众不断受到“浸染”，自然而然地将其吸收成自身的“地方性知识”，从而形成今天客家乡村社会对二次葬这一习俗的流行话语。

第七章　祖先崇拜与嘉靖礼制改革在客家地区的实践

——以梅州大埔县湖寮镇蓝氏宗族为中心

关于明清客家宗族社会的形成，以往的研究将其置于明清以来汉人宗族社会形成的历史脉络中进行考察，并注意到了科举入仕、经营扩充宗族财产、构建宗族社会元素（如修谱、建祠）等提升地方宗族族望的方式。同时，以往关于族谱在客家文化研究中的运用，论者的兴趣点多在族谱中家规家训、迁徙源流等诸内容，而对族谱中人物谱传中的材料较少运用。

本章通过《大埔县蓝氏族谱》，结合地方文献等材料，对大埔蓝氏宗族的建立和发展的过程与内容做一粗浅探讨，笔者认为修建小宗祠、设立始祖、构建大宗祠、创立蒸尝祭祀制度是明嘉靖以来地方族群建立宗族制度的模式与内容。

一、蓝姓宗族历史源流与族属身份

大埔县蓝氏主要聚居在今广东省大埔县湖寮镇的龙岗村等地，现有5 434 人，为当地一大姓。龙岗村旧属大埔县同仁甲之湖寮村，按地方文献载：

同仁甲在县城南部，居全邑之中心，东界严上、白寨、百侯三甲，西界三河、大麻二甲，北界维新甲，南界源高甲……梅潭河自东向经百侯入境，横贯甲中西北向入三河甲注入大河，甲中诸水东北为莒溪，自严上甲发源，经莒村长教至湖寮之杨梅田入梅潭河，南为双坑水，一自山丰发源，一自崧坑发源，至大塘肚合流至湖寮之旧田入梅潭河。此外，另有西南一水发源于石门及圣靠石，经高道庵、坪坑子合黄沙坑之水，至黄坑渡头入韩江。全甲最大之乡村为湖寮，众小乡环列周围。[①]

---

① （民国新修）《大埔县志》卷3《地理志三·乡村下》。

可见龙岗村位于大埔县的中心位置，为“全邑之中心”，并且境内有诸多的河流将全村与周边区域相联系，是一交通便利的乡村。

大埔蓝姓将大兴公列为其开基祖。据《古万川汝南蓝氏族谱》载：“（大兴公）南宋末避乱携妇子来自闽汀州宁化之石壁乡，抵昔潮州之海阳地方，即今大埔县莒村社，结庐而居，僻土而耕，是为大埔县肇基之祖。”[①] 大兴公传下蓝畴、蓝统制、蓝勉斋三子，其中蓝畴、蓝统制分别移居漳州、漳浦发展，只有勉斋留在本地繁衍，勉斋传下恭公、宽公二人，其中宽公迁往饶平，此后直至六世都是单传。到第七世分成大小两宗，大宗贵山公，小宗秀山公，其中贵山生四子，秀山生三子，从此蓝姓在大埔得到发展壮大。

在蓝姓的源流谱系中，从一世祖到六世祖的历史源流含糊不清，突出表现为记载都十分简单，族谱中都没有关于他们生卒时代的记载，最明显的就是开基祖大兴公的生卒年份和身份不详。不过如果再往上追溯，则发现大埔蓝姓和福建上杭、武平、长汀蓝姓的源流是一致的，四地都将吉甫公尊为蓝姓入闽始祖。吉甫公传到第七代时生七子，长子念一郎居长汀水口，次子念二郎、五子念五郎迁武平大禾，三子念三郎迁武平上堡，四子念四郎迁上杭平安里，六子念六郎迁武平林坊，七子念七郎迁上杭庐丰里。其中，念六郎曾经携带第三妻马氏和三个儿子到过大埔，但是后来三子又返回上杭，不过夫妇俩死后都葬在大埔。因此可以说，整个粤东、闽西的蓝姓，在族属、身份上都是一致的。而据福建学者杨彦杰对上杭蓝姓的研究，[②] 上杭蓝姓在明代以前都属于畲族，只是到了明代以后，由于国家的赋税征收以及铺递、驿站、圩市的设立，上杭蓝姓所居地逐渐被纳入国家的控制范围，遂逐渐走上了汉化的道路。

现在大埔蓝姓在论及自己的族属时十分强调自己的汉族血统，十修《大埔县蓝氏族谱》主修在“总序”中特别对这一点做了宣言式的陈述，强调蓝姓的汉民族成分：“天下蓝氏，凡奉汝南为郡望的，皆昌奇公子孙，都是堂堂正正的大汉民族。”然而，透过十修《大埔县蓝氏族谱》可以发现，大埔蓝氏的源流与福建宁化、上杭、武平的源流是一致的，而上杭、武平的一些蓝姓在 20 世纪 80 年代恢复畲族民族成分时，[③] 也曾致信大埔蓝姓，但当时由于一些原因，没有取得大埔蓝姓的认同，故此现在上杭、

---

① 转引自《大埔县蓝氏族谱》（第 1 册），第 109 页。

② 杨彦杰：《闽西客家地区的畲族：以上杭官庄蓝姓为例》，载房学嘉主编：《梅州地区的庙会与宗族》，香港：国际客家学会、海外华人研究社、法国远东学院，1996 年。

③ 1987 年经福建省民族事务委员会批准，上杭县的官庄乡和庐丰乡同被定为畲族乡。

武平的蓝姓为畲族成分的认同，大埔蓝姓却认同汉族。不过，如今大埔蓝姓族众年老一代认同汉族，年轻一代却倾向于认同畲族。

二、蓝氏宗族小宗祠的纷创

蓝姓在大埔的繁衍发展，始于南宋末。“兴公者，避乱来自闽汀宁化之石壁乡，抵今大埔之莒村社止焉。历元而明，凡四世，移居湖寮古城里。”① 蓝姓从大兴公开始，一直是单传，繁衍到第七代时，分成大小两宗，大宗贵山公、小宗秀山公，其中贵山公生四子，秀山公生三子，此后蓝姓分成大宗一、二、三、四派，小宗五、六、七派，繁衍发展。实际上蓝姓在大埔的发展脉络从当地的口传和族谱记载来看，并不是很清楚，因为从大兴公到第六世五十郎的个人记载都很模糊，只是从第七世开始宗族的历史才慢慢明朗起来，而第七世正是蓝姓开始分为大小两宗的时候。因此我们可以基本判断，在蓝氏宗族的构建发展史上，十三世、十四世是一个很重要的时期，这一时期正是明代嘉靖时期，而嘉靖时期正是明代宗庙祭礼改制时期。明代官庶祭祖之礼，定于洪武朝。洪武初遵从《朱子家礼》，实施以祠堂为名的家庙之祀，品官准祭四代，庶民则准祭二代。洪武十七年（1384）后，明太祖采纳胡秉中的建议，将庶民祭祀祖先二代改为三代。正如清初礼家毛奇龄所言：“明初礼官用行唐知县胡秉中议，许庶人祭及三代，今俗祭祝词尚有称三代尊亲者。”② 嘉靖十五年（1536）十一月，夏言谏言，准允臣民祭祀始祖、先祖，称：“人皆有所本之祖，情无不同，此礼当通于上下……伏望皇上诏令天下臣民，得如程子之议，冬至祭厥初生民之始祖，立春祭始祖以下、高祖以上之先祖。皆设两位于其席，但不许立庙以逾分。庶皇上广锡类之孝，臣下无嫡袷之嫌，愚夫愚妇得尽追远报本之诚矣。”③ 夏言这一礼制改革建议最终得到了明世宗的批准。允许祭祀先祖，即等于允许各支同姓联宗祭祖，此举在民间社会产生了重大影响。在这一时代背景下，蓝姓开始了宗族的构建。首先是在嘉靖十五年（1536）左右，宗族士绅开始建立自己的家庙。十三世祖先云畴公房开始在大宗设立家庙，族谱记载：

镛，字德声，号云畴……生明孝宗弘治六年（1493）四月初三日亥时，年十六而父英庄公殁……继父经商，恢弘先绪，上奉老娘，下抚弟

① 《大埔县蓝氏族谱·续修蓝氏族谱序》（第1册），第19页。
② 毛奇龄：《辨定祭礼通俗谱》卷1《所祭者》。
③ 夏言：《请立王府宗庙武臣家庙疏》，《桂洲文集》卷11。

妹。创建大厦于古城，雄冠一乡，五栋房屋系由三弟庠在家苦心经营，兴建竣工，兄弟分享，屋名两云公祠。兄弟同祠，和睦相处，人才辈出，乃滋乃万……明嘉靖十年辛卯（1531）为弟度辩冤，解报察院，备历艰难，于七月初四日巳时故于广城，年三十九岁，弟序扶柩还归……妣廖氏……黄坑月溪仲清次女……续夫置黄坑庄业，协弟偕侄建祠堂居室，故兄弟五人，各建有祠堂，盖女中丈夫也。①

家庙兴建后，蓝姓有感于“上世端蒙无谱牒，故世次、履历与讳谥、年寿及生故、嫁娶、坟茔，多有所遗忘。虽或记之簿书，传之故老，亦莫得其详”②。大宗一派在嘉靖十五年（1536）以后创建祖祠，族谱记载：“十五世继升，讳琳，号砀山。最乐长子。生弘治乙卯正月初九日辰时，性英伟端正，创建祠宇。卒嘉靖辛酉十一月十六日午时。”③ 后其孙坤号将祠堂进一步修整，“十七世坤号生嘉靖甲辰八月初八子时，素行孝友。继建祖祠下堂，造横屋，修坟茔，卒万历甲辰四月初八”④。大宗四派十六世守钺建立祖祠，守钰建曾祖祠堂，“守钺，字君烈……生万历丁酉……年八十余尤经画蒸尝，建立祖祠”，“守钰，字君珍……衮建曾祖祠堂，与有力焉”。⑤ 可见自从嘉靖开放民间祭祀后，蓝氏宗族中各支派纷纷建立自己的祖祠，祭祀自己房派的祖先。

三、《大埔县蓝氏族谱》的编修与始祖、大小宗的确立

各房派小祠堂的建立，为蓝姓大宗祠的建立打下了基础，但是要建立自己的大宗祠，就需要构建一个“完整”的宗族发展史的谱系，塑造一个共同的世系，最重要的是要找到一个共同的开基祖。然而如何构建一个让社会“认可”的宗族源流，是蓝姓必须解决的首要问题。于是他们聘请了大埔的地方文化权威廖廉斋编修族谱。关于廖廉斋的身份，地方志有载：

廖钦训字书绅，湖寮人，郡庠生。闻父客死胥江，弃蓝衫千里奉遗骸归。哀毁骨，立作续招魂之赋，终身不出，子见一亦去邑庠，箬笠草履，日事藏山之业。凡所记载，虽纤琐必资，采史者资焉。⑥

① 《大埔县蓝氏族谱》（第1册），第137～138页。
② 《大埔县蓝氏族谱·续修蓝氏族谱序》（第1册），第19页。
③ 《大埔县蓝氏族谱》（第1册），第152页。
④ 《大埔县蓝氏族谱·续修蓝氏族谱序》（第1册），第154页。
⑤ 《大埔县蓝氏族谱》（第1册），第190页。
⑥ （民国新修）《大埔县志》卷29《人物传十二·列传十二·孝友》。

族谱载：

钦训字书绅，号廉斋，谥文源，生弘治己酉，卒嘉靖己酉，寿六十一岁，明正德十六年辛巳（1521），经宗师张公选如府学第一名，庠生，开湖乡斯文之始。翰林院编修王思公旌表博士匾额“文宪开先”。[①]

家族编修族谱本来是家族内部的事，为何要请一个外姓人参与？关于其中原委，廖廉斋的侄子廖复一在万历年间为蓝姓续修族谱时作了一个简短的说明，“以先伯父乡之文人，谙于谱牒者也”[②]，而实际上其中更深层的原因是蓝姓为自己宗族源流的构建寻求一个地方社会的认同，因为此次修谱的发起人并非目不识丁者，大宗四派的云畴公、云林公一支是富甲一方的商人，[③] 小宗的思斋公是一个地方仕宦，“田学，子于程，号思斋，烈长子，生正德庚午六月十三未时，天资英迈，学问渊通，嘉靖己亥入邑庠，庚子补廪，乙丑应岁贡廷试，初授福建安溪学训，升广西思恩府教授。当道一卓异题荐，擢腾县知县，未莅临而卒。少负经济才，与吾乡黄及泉、吴少柏诸公先后齐名，为诸生时既以民物为己任，观其投书绿林，贼众受抚，经济可见一斑。乃谨以明经仕宦，未任民社，不能大展其学而终，时论惜之。事载郡邑二志。公于万历己卯九月十二卯时故于思恩署中，寿七十”[④]。

于是在嘉靖二十一年（1542），也就是夏言谏言开放民间祭祀礼仪的第六年，大宗四派中的十三世孙云畴、云林联合小宗七派的十四世孙思斋聘请廖廉斋创修了蓝氏族谱。根据万历谱序的记载，嘉靖蓝氏族谱的编修只是确定了族谱的体例，“其体裁一，准欧阳世五宗九世之法，考传记而图世系，稽生平而著行实在”[⑤]，其内容只是“讳谥之称，谓年寿之修短，生故之先后，嫁娶之往来，坟茔之坐向”[⑥]，而对蓝姓开基祖和大小宗的确立记录得不清楚，于是万历四十四年（1616）蓝姓又聘请廖廉斋的侄子廖复一续修了蓝氏族谱，在《续修蓝氏族谱序》中，廖复一对续修原因做了解释：“越今七十余载，其生齿之繁，视前不啻十倍，不有所修，而遗忘

① 《大埔县廖氏源流》编纂委员会编：《大埔县廖氏源流》，2002 年。

② 《大埔县蓝氏族谱·续修蓝氏族谱序》（第 1 册），第 19 页。

③ 云畴公个人简历前文有述，此不赘，其父孟坚，族谱有传：“孟坚……客英德，顺时弋利，遂富于财，就含光地方买卖田宅……”［载《大埔县蓝氏族谱》（第 1 册），第 134 页］

④ 《大埔县蓝氏族谱》（第 1 册），第 272 页。

⑤ 《大埔县蓝氏族谱·续修蓝氏族谱序》（第 1 册），第 19 页。

⑥ 《大埔县蓝氏族谱·续修蓝氏族谱序》（第 1 册），第 19 页。

之患又不终无也。十五世孙聚所，十六世孙畸人、还婴深为此惧，延余续修之。”①进而又说明了此次续修族谱的主要任务，“余实不堪第属亲故，不可以不才辞，溯其源之所自出，衍其派之所流传”②。显然这次续修族谱主要是要确立蓝姓开基祖和大小宗。于是修谱者对蓝姓的来源及大兴公的来历做了一番考证，“粤观士庶家之有谱，所以著源流，存考复，昭劝诫，当有而不可无者也。及稽姓氏，所自蓝姓者，其初不可知，传云春秋楚大夫蓝尹檀后也。湖寮之蓝，宋末有之”③。显然蓝姓源流只是一个传说，接着修谱者又讲“兴公者，避乱来自闽汀宁化之石壁乡，抵今大埔之莒村社止焉。历元而明，凡四世，移居湖寮古城里，兴公，湖寮蓝氏肇基之鼻祖也，迄今十有八世矣。顾上世端蒙无谱牒，故世次、履历与讳谥、年寿及生故、嫁娶、坟茔，多有所遗忘。虽或记之薄书，传之故老，亦莫得其详”④。在这段话中，修谱者含糊其词地为蓝姓找到了开基祖大兴公，不过由于蓝姓上世没有族谱记载，所以大兴公的生平履历资料缺失。同时修谱者也为蓝姓分立了大小宗，所谓“溯其源之所自出，衍其派之所流传，断自贵山、秀山公分为大宗、小宗，上统六世之同，下别七派之异”⑤。

四、始祖蒸尝的设立与大宗祠的鼎建

随着蓝姓各房祠的设立与宗族源流谱系的构建，蓝姓开始了建立大宗祠的宗族实践。首先蓝姓认为“数百年来，瓜瓞滋蕃，亿千万计，光祖而耀宗者，代不乏人”，蓝姓能有今天的发展，要归功于开基祖的开创之辛劳，“千枝万叶莫不同出根源，则我始祖与二世祖之报祀，宜历百世而不祧也”，应该对一世祖、二世祖进行定期的祭祀，然而由于祠堂没有兴建，不能正常祭祀祖先，所谓“第薰藁未设，祠宇为鼎，寒食之候，虔酎宿草而已”，于是在1660年小宗五派的十六世祖侣岛公“集族之老幼，量力捐金，得银数十有奇，经众生息”⑥，创立了始祖蒸尝，作为祭祀先祖的经费。但是由于大宗祠还没有兴建，蓝氏便从庚子年（1660）开始，每年冬至日在大宗四派的英庄公祠祭拜始祖大兴公、二世祖勉斋公，同时配祀七世祖贵山、秀山。这一宗族活动实际上是嘉靖十五年（1536）十一月夏言“得如程子之议，冬至祭厥初生民之始祖”准允臣民祭祀始祖、先祖的言

---

① 《大埔县蓝氏族谱・续修蓝氏族谱序》（第1册），第19页。
② 《大埔县蓝氏族谱・续修蓝氏族谱序》（第1册），第19页。
③ 《大埔县蓝氏族谱・续修蓝氏族谱序》（第1册），第19页。
④ 《大埔县蓝氏族谱・续修蓝氏族谱序》（第1册），第19页。
⑤ 《大埔县蓝氏族谱・续修蓝氏族谱序》（第1册），第19页。
⑥ 《大埔县蓝氏族谱・始祖蒸尝叙》（第1册），第24页。

论在民间的宗族实践。到清初大宗四派十九世远亭公子超总理蒸尝时，经过四五十年的经营，尝业得到增殖，“所置田租，贰百有奇”，于是蓝姓开始大兴土木，“弥增式廓，方兴未艾，遂佥谓鼎建大宗，妥侑先灵”。由于当时小宗五派的十八世淡斋“为人耿直严正，族兄坦斋公器重之”①，被族人推选主持修建大宗祠事务，蓝姓于是选定城东田背为大宗祠的基址，开始修建祠堂。从康熙辛卯年（1711）开始经过九年的营建，到1719年祠堂初具规模，但是还未完全竣工。在此期间发生了三件事：一是在康熙己亥年（1719），“营筑化台，为吴姓阻挠，构讼公堂”；二是雍正乙巳年（1725），漳浦总戎蓝瑗缘家难逃遁，经过湖寮，入祠拜祖，福建官吏“遂以知情赠送诬揑”，蓝姓因而卷入官司；三是雍正己酉年（1729），二世祖坟被廖姓盗葬。这三件事使蓝姓纠缠于官司，导致“从前所置尝租，几无余矣”②。乾隆时期在与外姓的冲突与竞争中，蓝姓宗族经济又受到了很大冲击，不过得益于小宗五派十八世绳云与十九世绍高，大宗四派二十世采寅等宗族精英的努力仍保存了实力，族谱记载：

绳云，字子腾，号衡野，生康熙癸亥。生平孝友成性……开店本乡中心，公正和平，远近胥倚任之。念一宗蒸尝耗尽，纠集族中知义叔侄，惨淡经营，以图恢复，积有余费，始重修大宗祠……至于经理近祖历代蒸尝，俾无失祀，率皆称是。晚年尤力行善事，如倡建路会及厉祭会、募设河头加渡工食，种种美举，不可阐述。推为族正十余年，争竞岔难，胥平于公一言，真可谓完人矣。③

采寅，字协自，号怀远，子超次子。生康熙丁卯，少年力学，屡试未酬。雍正甲寅，援军需例充国学，为人通晓大义，时始祖尝业耗费几尽，协同族叔绳云，悉心经理，渐见恢复。④

经过二十余年的惨淡经营，蓝姓总共赎回田租并新置租工140余石，“将所积余费，修整大宗祠，鼎建门楼，黝垩丹般，备极壮丽。至始祖及二、三世祖坟，亦经修筑巩固，并北坑北岗三处田居，重新改造。诸凡营建，次第修举，岁时祭祀复，汉官威仪矣！于是合族中绅耆，齐集大宗

---

① 《大埔县蓝氏族谱》（第7册）《小宗五派西庵秒公房》，第552页。

② 《大埔县蓝氏族谱·始祖蒸尝叙》（第1册），第24页。

③ 《大埔县蓝氏族谱》（第7册）《小宗五派西庵秒公房》，第553页。

④ 《大埔县蓝氏族谱》（第3册）《大宗四派云畴公房》，第52页。

祠，议立祭规，依前冬至一日，溯其本也。增设秋祭一日，报其成也”①。至乾隆乙卯年（1795），蓝氏宗族修整了大宗祠和一、二、三世祖坟，并制定了秋尝冬蒸的祭祖制度，完成了宗族的制度化构建。

通过对《大埔县蓝氏族谱》的解读，我们基本上可以看到明清以来华南客家宗族构建的历史脉络与内涵，即一个地方族群如何在国家的制度空间通过一系列的文化创造和文化经营，来实现族群的整合与发展，这个整合与发展的过程同时也是明代嘉靖以来地方族群宗族化实践的内容、策略与模式。

① 《大埔县蓝氏族谱·复兴始祖蒸尝叙》（第1册），第26~27页。

第八章　庙宇的地理空间分布与社会功能

——以粤东梅州地区天后信仰为中心

宗教地理学是研究宗教的起源、分布规律和宗教信仰、宗教活动（包括习俗）、宗教建筑分布的空间特征、景观特征及其发展变化与地理环境的关系的学科。作为宗教信仰的空间载体，庙宇建筑无疑是研究者了解、研究宗教信仰最直观的“物化”对象。

就宗教场所的空间分布而言，名山大川往往成为宗教建筑——庙宇的所在地。因为人们普遍认为，神祇的居住地为人类不可及处，如天空，而山川是传统社会人类接近神祇的唯一自然途径，所以山川被赋予神圣性。河流、植物等所在地成为圣地则是源于传统“万物有灵”观念。人为因素形成的宗教圣地，则与某种宗教的诞生地、重要传播地，宗教创始人、宗教领袖和教内重要人物的出生地、埋葬地、主要活动地等相关联。

天后信仰作为一种历史悠久、信仰范围广的中国民间信仰，一直是历史学、社会学、宗教学、人类学等学科在民间信仰研究领域所关注的重点之一。检阅以往的研究成果可以发现，学术界关注较多的是天后的身世与生平、天后信仰的起源与传播、历代赐封、信仰圈以及社会功能等方面的研究，从宗教地理学的视角去开展天后信仰的研究，其成果堪称阙如。

本章意欲采用田野调查和文献分析相结合的方式，通过对粤东梅州客家地区天后庙宇的地理空间分布的分析，对明清以来粤东梅州地区天后信仰的空间分布与社会功能的关系做一粗浅探讨。从中可见，同一神明信仰的社会功能与神明信仰的地理空间分布有着紧密的联系，其社会功能可以在庙宇的地理空间分布上得以凸现。

一、清代地方文献记载与田野考察中的天后宫

天后，又称妈祖，是福建泉州莆田湄洲岛巡检林愿的第六女，生于宋太祖建隆元年（960），由于从小沉默寡语，取名林默。林默自幼聪明伶俐，长大后，善于预测凶吉，又习水性，能够通过观察海上气候来预防灾

害，被渔民誉为“女神”，成为人们战胜灾害的精神寄托。她去世后，群众立庙祀之，成为闽南地区流行的民间信仰。

宋代随着航海业的发展，天后信仰得到朝廷的极大重视。北宋宣和五年（1123），朝廷赐予“顺济”庙额，南宋绍兴、淳熙年间，又先后赐予“灵惠夫人”、“惠灵妃”封号，从而开始确立妈祖的海神地位。此后，历朝对妈祖一再褒扬诰封，封号愈加显赫。元至元十八年（1281）封妈祖为“护国明著天妃”，元代共敕封五次。明洪武元年（1368）敕赐“昭孝纯正灵应孚济天妃”，诏沿海皆建庙。明代共封天妃两次，改封元君两次。清康熙二十三年（1684）封妈祖为天后。道光十九年（1839）封其为天上圣母。据研究，清代到同治年间，共封妈祖十八次之多，为历代之最。① 中央政府对妈祖神的尊封加速了天后信仰在全国范围内的传播。

梅州位于广东省东北部，为客家人的主要聚居地之一，被誉为“世界客都”，下辖梅县、五华县、蕉岭县、平远县、丰顺县、大埔县、兴宁市、梅江区六县一市一区。从梅州地区保留的地方文献和田野调查可以发现，明清以来天后信仰开始在梅州地区传播。文献和田野材料显示，在梅州六县一市一区都有天后信仰的记载。就空间分布而言，天后宫的选址不一，但总体而言，主要形成三种地理空间分布类型。

（一）村落水口处的天后宫

水口的本义是指一村之水流入和流出的地方，在客家地区一般位于村头和村尾两处，而尤其以村落的水流出处居多，因而客家地区有关村落水流出口处的景观和故事传说总是特别多。如在景观方面，几乎每一个村落都在水流出口处设立神坛、建立寺庙、安葬祖坟等。而在故事传说方面，每个村落的水口都有一些风水传说，如“狮象把水口”等。

文献中显示，在梅州发现设立在水口处的天后宫有三处。咸丰《大埔县志》卷7《寺观志》记载：“天后宫，在坊坝村水口”；“天后宫，在高道里水口”。嘉庆《大埔县志》卷7记载：“天后宫，在保安水口鸭麻潭。”

（二）滨水（河）的天后宫

在梅县的梅江、蕉岭县的石窟河、大埔县的汀江、丰顺县的韩江的沿岸都有天后宫的分布。

嘉庆《大埔县志》卷7《寺观志》记载：“天后宫，在三河城太平关

---

① 李露露：《妈祖神韵：从民女到海神》，北京：学苑出版社，2003年，第216页。

左滨河。”《大埔文史》第十五辑记载：“天后宫，在茶阳城外柳树街，原万川南路，面临小靖河。清季香火甚旺，因祀有‘天后娘娘’故，现改为民居。”

据林清水调查，蕉岭县新铺的天后宫在福岭村石鼓潭南的河堤上，建于乾隆年间，道光十九年（1839）重修。宫为二进建筑，硬山顶式。门楼作牌楼形，用花岗岩石砌成，门逆石窟河水，供奉天后。

梅县西阳镇天后庙（圣母宫）位于西阳镇，地处梅江河畔，对面为客运渡口。

据田野考察，丰顺县留隍天后宫，位于留隍镇慈祥外街韩江岸旁。始建于清乾隆五十四年（1789）。另外，在一些重要的水利设施上也建有天后宫。嘉庆《大埔县志》卷7《寺观志》记载：“天后宫，在同仁陈衙陂上，宫址创于嘉庆年间，向祀天后，甚为灵显。同治甲子九月发匪经过被毁，丙寅里人捐资修复，并设立香灯。”

（三）街市中的天后宫

明清以来，在梅州的梅县、兴宁、五华、平远的县城、圩镇都建有天后宫。

乾隆《嘉应州志》卷8《杂纪部·寺庙》载：“天妃宫，上市。”乾隆《嘉应州志》卷10《长乐县·寺庙》载“天妃庙，南新河之浒详邑志。”道光《长乐县志》卷5《坛庙》记载：“天妃庙，在城南新河浒，明嘉靖乙丑建，崇祯九年建二堂，立门坊；国朝顺治十四年，邑举人卓越施庙前铺地三间，租八十两，为立照墙，千总白天恩买右边铺地一间，以居庙祝（旧志）。国朝嘉庆七年，绅士重建（续册）。”嘉庆《平远县志》记载：“天后宫。在仁居东门，庙很小，祀妈祖。”

乾隆《嘉应州志》卷9《兴宁县·寺庙》记载：“天后宫，在县西门内。”兴宁县政协文史委员会编写的《兴宁文史》（第七辑）中凡丁整理的《漫话兴城》记载：“兴宁西城脚现第二幼儿园，原是天后宫神庙，从这里直出叫天后街，现仍用此名。”

此外，在梅州一些重要的乡村集市，也建有天后宫。

梅州最大的乡镇——松口镇，是梅州地区最为繁华之地，有“自古松口不认州”之说。[①] 松口镇的天后宫规模为梅州之最，宫为三堂两横围龙屋式结构，占地360平方米，门前有斗方与门楼，始建于乾隆二十年

---

① 由于历史上松口水运便利，顺江而下可至汕头，为粤东地区商贸集散重镇，因此直至民国时期其经济水平都超过州治所在嘉应州，故云“自古松口不认州”。

(1755)，由“绅耆士庶鼎建”。20 世纪 40 年代因建松口梅东桥而遭到拆毁，20 世纪 70 年代改建为镇工艺厂。

松源镇与福建洪山乡接壤，为闽粤边境贸易重镇。据田野调查，清代在该镇怀仁圩建有天后宫，规模宏大，占地 300 多平方米，20 世纪 70 年代改建为公社仓库，后被拆毁。

二、天后宫的空间分布与文化内涵

梅州地区天后宫的空间分布体现了天后信仰的社会功能与社会意义，而这些社会功能与社会意义则通过三种宗教建筑景观的仪式活动和传说故事得以呈现。

在客家地区，天后信仰的文化内涵极其丰富。据吴永章研究，在妈祖诞辰之日，奉神出游，顶礼膜拜，排宴演戏，盛况空前。①

传统研究认为，天后信仰的原型是闽南沿海的海上保护神，随着其“灵验”程度的提高，其功能不断延伸，从海神拓展为谷神、商业神、送子神、保育神等，从而不断迎合信众的需要，成为万能之神。然而，民间信仰功能的解释只是简单地停留在信仰传承过程的概括与归纳总结上，缺失了“历史感”和“现场感”，也失去了文化在时间和空间的社会结构中表现的社会意义。梅州地区天后宫的空间分布凸显了民众的社会“诉求”和现实需要。

（一）水口天后宫——村落保护神

客家人很相信风水，认为水口把得紧不紧关系到这个地方是否发达，因而在乡村聚落都会在水口设立神庙来保佑村落的安全，帮助村民守财，庇护社区五谷丰登、六畜兴旺。客家地区水口保护神原型不一，有的是帝王将相，有的是土神、山神，有的是公王、社官。天后作为民间“灵验”的神明，自然而然成为客家村落的保护神。大埔县坊坝村水口天后宫、保安水口鸭麻潭天后宫行使的就是这种村境保护神的功能。客家人有将祖先和神明合二为一加以崇祀的传统，祖先被当作村落的守护神加以崇祀的现象十分普遍。而在客家地区林姓村落更是亦然。

高道里是大埔县湖寮镇的一个林姓村落。据大埔县《林氏族谱》记载：“湖寮高道里林姓，由湖寮新寨迁入，现传至十三世，135 人。”民国《大埔县志》记载：“同仁高道里林姓，由湖寮迁来，十一世入乡，现二十

---

① 吴永章：《试析闽、台、粤客家地区的“妈祖”崇拜》，《中南民族大学学报》1998 年第 4 期，第 30 页。

四世，122 人。”天后由于姓林，当地人认为天后是本族的姑婆，将其奉为水口神加以崇祀，建立天后宫，庇佑自己的村境。同样的情况在客家其他村落亦然。如永定县湖坑镇洪坑村林姓也称天后为姑婆，在村口建立天后宫加以崇祀。

（二）滨水（河）天后宫——水神

滨水（河）天后宫的社会功能主要体现在三个方面。

1. 乡村农业社会的水利保护神

梅州地处岭南内陆山区，山峦重叠，沟壑纵横，平原、盆地面积狭小，“八山一水一分田”是当地生态环境的生动写照。客家人针对山区高低起伏的地形，从高处筑陂开圳注流低处田亩，从而形成了陂、塘、圳、坝等多种形式的水利设施。基于此，也出现了许多以“陂”命名的地名，如大埔县的高陂镇、蕉岭县长潭的高陂村。由此可见，陂（塘）的建设和保护利用对于发展客家地区农业生产的重要性非同一般。陈衙陂就是这样一座重要的水利设施。①

陈衙陂位于湖寮镇杨梅田，现大埔县北 4 公里处。源流出自莒村的庵坑、大靖坑、合溪三处坑水汇成的莒溪，至杨梅田出梅潭河。陈衙陂引莒溪水灌溉水田五百亩，是当地著名的水利设施。据谢枫《聊说陈衙陂》记述，陈衙陂于嘉靖五年（1526）由乡民邬宗周、高孟良、吴祖达、李甫四人开始辟渠砌石兴建，后因资金不足而停工。嘉靖三十四年（1555），邬宗周为完成自己毕生的心愿——造福乡民，竭尽家财，历时三月，建成灌溉水田五百亩的陈衙陂，后被木材商人之木排毁坏长达数十年。康熙五十五年（1716），乡民按照田份重新修建，扩大渠道，加固陂头，同时奏请官府严禁木材商人在此放排，违者重罚。道光十三年（1833）癸巳夏，陈衙陂复被暴雨冲毁，直至道光二十三年（1843），县令任荃离任之际，为造福乡民，始重新修复。同治十二年（1873），乡民再次呈请县示严禁木商出树排过陂，一禁千秋，永不毁坏，直至民国。为了对陂塘这种水利设施实行保护，除了上述禁令的发布外，祈求神明的佑护也是客家人的一种“心理禁令”，因而在陂塘上设立宫庙。“天后宫，在同仁陈衙陂上，宫址创于嘉庆年间，向祀天后，甚为灵显”，便成为乡民的现实诉求，以保证陈衙陂的安全。

2. 沿河乡民抵御水患的水神

蕉岭县新铺石鼓潭南河堤上的天后宫内仍有宣统元年（1909）护堤碑

---

① 《湖寮春秋》编纂委员会编：《湖寮春秋》，2004 年，第 66 ~67 页。

一块，宫内住有一户人家，宫下砌基坚固，以保护福岭村河堤免受对面河水的冲击，实有防洪护堤的实用价值。护堤碑保护河堤、保护山林竹木的功能体现了天后宫的社会功能。

丰顺县留隍天后宫来历的传说也说明了天后的治水功能。古时候，韩江暴发了大水，从上游漂浮下来一个闪闪发光的盒子，中间安安稳稳端坐着一木雕像。盒子在惊涛骇浪中一浮一沉，但没被激浪吞没。当盒子漂流到留隍时，恰巧一渔民跳下江中，想去打捞浮在江面上的一捆杉木。忽然间，晴朗的天空乌云密布，狂风大作，波浪滔天，渔民不胜水力，眼看就要被巨浪吞噬。就在此时，渔民恍惚之间感觉有人把他托上水面，他定神一看，江面上一片红光，知道必是神灵前来相救。爬上岸后，他急忙跪下叩谢神恩，但这时红光已经消失，盒子也不见了。人们知道后，认定是妈祖显灵巡游韩江，视察灾情，用她的神奇力量救灾拯溺，保护百姓。于是，大家自发地捐款集资，在韩江岸旁建立庙宇，请来妈祖香火，祭祀妈祖以保护地方安宁、百姓平安。

3. 客家乡民出外谋生的航海保护神

西阳天后庙（圣母宫）地处梅江河畔，对面为客运渡口，乡人谓圣母管水，凡是往南洋者，无不先向圣母上香，祈求漂洋过海能平安抵达；回乡后，不论赚钱与否，都会在圣母宫许愿还香。对于华侨而言，他们没有忘却圣母是他们的守护神。圣母宫在新中国成立后曾遭摧毁，但改革开放后，广大华侨要求政府拆掉建筑物，在原址重建圣母宫，今天坐落于西阳市旧圩的圣母宫即是由华侨捐资重建的，足见天后对于近代客家华侨出洋的心理慰藉功能。

茶阳天后宫则是汀江流域船家的保护神。茶阳为闽粤边境贸易的中转站，航运十分发达，航行在韩江的船帮为祈求天后的庇佑，在茶阳育善街设立天后宫。

（三）街市天后宫——商业保护神

兴宁、五华、梅县在县城都建有天后宫，规模宏大，倡建者都是当地的官员、绅士，并且每年地方官员、绅士都会组织以天后信仰为中心的庙会。其中兴宁的天后宫设于兴城后街，规模相当可观。长乐（五华）天后宫设于古长乐（今华城）城南，其所在街道亦称为“天后街”。庙宇很大，宫殿本身就占地三百多平方米，为二进式建筑，分上下两堂，下堂设护卫神，上堂设天后神像，并立神牌。宫外还有 800 多平方米场地，筑专门的戏台，称为“天妃戏棚”，供庙会期间演戏之用。梅县的天后宫，则建于梅城中被称为“水上街市”、“梅江酒舫”且很多来往船只停靠的程江河畔的树湖坪。

上述三宫，平时就香火旺盛，为每月初一、十五当地群众必拜之神。梅县天后宫，因设在程江河畔，是县内外船只停靠之地，所以为船家必拜之神。船装货出发前去“许福”，祈求娘娘保佑一路顺风，平平安安。船运货回梅县，又去“酬福”，谢娘娘保佑恩典。每年三月二十三日，三宫同时举办“圣母诞”，俗称“娘娘生日”庙会。

以五华“娘娘生日”庙会为例。该庙会是当地最有代表性的民间盛会。由于这一庙会以三月二十三日为“出巡”日，俗称“三月三天妃娘娘生日”。以下是报告人张泉清对亲历“天妃娘娘生日”庙会的记述，① 时间为1949年前，整个庙会历时三天三夜。

从三月二十二日开始，庙会的总理、首事集中于天妃庙开始正式执事主持庙会，俗称“起会”。起会除总理、首事到位执事外，其余凡受雇的道士、吹鼓手、戏班、厨师等都必须按时到场，各司其事。此外，一切发动工作，亦必须同时全部落实。其中，最主要的是发动商民“彩花街”和发动善男信女组织锣鼓队伍、文艺队伍于二十三日跟随“娘娘出巡”。

“彩花街”就是用布幕把街道上空遮蔽，然后在布幕下挂上各种纸花、彩灯，把街道装饰得如花似锦；天妃庙前红灯（笼）高挂，红联张贴，庙内烛光辉照，香烟缭绕；庙门外空地上搭起“笛棚”，吹鼓手如期吹打；“天妃戏棚”的戏班按期开锣演戏；二十二日下午二时到五时做“日戏”；夜晚八时到十二时做“上夜戏”。这种“日戏”和“上夜戏”皆演传统的《三戏周瑜》、《水淹金山》、《唐僧取经》等戏本，称为“正本戏”。午夜至天亮之前，则演调笑一类的小品，称为“下夜耍戏”。有一个不成文的规矩：日戏和上夜戏的“正本戏”，男女老幼皆看；“下夜耍戏”则为妇女、小孩所不宜，只许成年男人观看。因此，午夜之后，便是男人的世界。

庙会期间要组织善男信女在天妃神坛前抽签产生下届庙会的主持者：首事，俗称“拈首事”。上表的程序是：凡上表者，先到总理处领取“表文”并交纳“上表费”，然后把“表文”交与道士，并在道士引导下开始“上表”。开坛时，上表者必须亲自点烛燃香，跪于神前，道士则“敲当”朗声念诵表文，当念至信士某某某（上表者姓名）时，上表人必须叩头表示虔诚，而当整篇表文念完时，上表者则应“三叩头”表示祈求之诚心。

---

① 张泉清：《粤东五华县华城镇庙会大观》，载房学嘉主编：《梅州地区的庙会与宗族》，香港：国际客家学会、海外华人研究社、法国远东学院，1994年，第1~36页。

最后道士将表文连同“纸宝”一并焚于神前，并得一“称告”，表示天妃已允诺上表人的祈求。紧接着上表人起身走近神前“斗”中抽签，如果抽出的“红签”纸上写有“首事”字样，那么这位上表人即当选为下届庙会的“首事”。

上表从起会至庙会结束前均可进行，不论是街道商民还是附近乡民都可参与。上表仪式结束后，上表人可随时在庙会即席就餐一次，叫作“坐流水席”。

庙会最重要、最庄严的仪式是抬着天妃神像和神位牌往各条街道巡行，因此十分隆重。神童是天妃神的化身，所以庙会时，他应在“落童”状态下坐着刀床轿、钉床轿紧跟在神位牌后参加出巡游行。首先，执事们把天妃神像、神位牌从庙中“请”出，置于无篷的“天轿”上，再摆好阵容，按序出发。由于簇拥的队伍来自四面八方，且人数众多，因此，行进速度非常缓慢，往往从上午十时开始至下午四时左右才能结束。天妃出巡时，各街道、各行业组织的大小锣鼓班少则几十，多则上百，足见天妃出巡的声势之大。

在五华天妃娘娘庙会的仪式过程中，如商家参与“彩花街”布置、首事资格的获得、神戏演出、庙会宴席乃至出巡阵容，可以让人们感受到浓郁的商业气息。同时，天妃娘娘庙会也带动了当地商业的兴旺，因此附近商家才会踊跃参加，并乐于资助庙会，庙会也就成为传统社会一次盛大的商贸交流盛会，各个商号各自展开自己的营销手段，从中获利。

梅州客家地区水口天后宫、滨水（河）天后宫、街市天后宫的信仰文化，一方面反映了客家信众原始的宗教观——认为一定的场所一定有专门的神明主宰。正如《五华县志·礼俗志》所称：“吾邑人民对于宗教信仰，除儒、释、道三教及基督、天主教等教外，常于乡村中植树设坛，以祀社官、伯公；圩市必祀财神；街坊必祀福德；人家必祀灶君；大山名川，则建亭庙，祀名神；河川祀水神。”另一方面，其所凸显出来的天后神的社会功能也反映了明清以来梅州客家地区从传统乡民社会到农业社会，再逐步向近代商业社会、侨乡社会转型的历史过程中对神明信仰的价值取向。

第九章　近代中西宗教文化的互动与交流
——五华大田樟村基督教信仰研究

基督教信仰作为一种外来的宗教文化，在中国传播发展过程中如何与中国固有的文化传统（特别是儒家文化）交融互动，不失为一个值得探讨的研究课题。客家文化是近年来地域文化研究的热点，在中国大陆，客家文化覆盖面主要涉及闽西、粤东、赣南三省交界区域。客家文化的主要内涵是其自身生存的地理环境和历史原因使之形成较为原生态地保存中国传统文化的地域文化。在广东主要分布于以梅州为中心的粤东北和粤北地区，而梅州也是基督教最早传入的地区之一。本章以粤东梅州五华县大田镇樟村为个案，运用历史人类学的研究视野，对当下五华乡村基督教信仰现状进行了考察。五华县是粤东地区的一个贫困县，地理环境封闭，客家文化积淀深厚，然而五华县是粤东地区基督教传播最早的地区。大田樟村是五华县最为偏远的一个小山村，却是基督教在粤东播迁的发源地。

本章采取文献检阅与田野调查相结合的研究方法，以樟村为研究重点，将该区域基督教信仰的产生发展置于其历史发展的脉络中去考察，力图揭示基督教在一个具有悠久传统文化积淀的客家乡村是如何与当地的民俗文化碰撞与交融的，并在此基础上揭示出乡村基督教发展壮大的历史与现实根源及其发展趋势，最终目的是提供基督教在当下粤东客家地区农村发展现状的一个个案，以期丰富中国不同区域的基督教研究。

一、粤东基督教信仰的历史与现状

梅州位于广东省东北部，地处五岭山脉以南，东北毗邻福建省的武平、上杭、永定、平和四县，西北接江西省寻乌县，西面连广东省河源市的龙川县、紫金县，西南、南面与汕尾市的陆河县以及揭阳市的榕城区和揭西县相接，东南面和潮州市潮安县、饶平县相连，下辖梅县、蕉岭县、大埔县、丰顺县、五华县、平远县、兴宁市、梅江区六县一市一区。五华县位于梅州市西南部，梅江上游，东南与丰顺、揭西、陆丰交界，西南与河源、紫金接壤，西北与龙川相连，东北与兴宁毗邻。总面积为 3 226.1 平方公里，人口有 100 多万，现辖水寨、河东、转水、华城、岐岭、潭下、长布、郭田、周江、横陂、双华、安流、棉洋、梅林、华阳、龙村 16 个镇、412 个村民委员会和 34 个居民委员会，县人民政府驻于水寨镇。该县地势西南高、东北低，四周山岭为障，境内地形复杂，山地、丘陵相间，河谷、盆地交错。其中山地占 49.1%，丘陵占 41.3%，河谷占 5.4%，盆地占 4.2%。

大田樟村是五华县最为偏远的一个小山村，却是基督教在粤东播迁的发源地。清咸丰八年（1858），大田基督教徒张复兴在樟村建立粤东第一座基督教堂，此后基督教开始在粤东地区得到广泛传播，至今五华县也是粤东地区设立传教点最多的一个县，先后建有教堂或传教点 42 个，覆盖了该县的所有乡镇。

基督教于清咸丰二年（1852）传到梅州，有崇真会、浸信会、长老会、安息日会、聚会处（小群派）和真耶稣教会等宗派，20 世纪 50 年代前有教堂 60 间，教徒约 1.15 万人。20 世纪 50 年代后，美国、英国、德国、瑞士等外国传教士离梅返国，梅州市基督教各个教派纷纷脱离外国差会，走独立自主、自办教会的道路，统属于中国基督教“三自”（自传、自养、自治）爱国会领导之下。1954 年 7 月，王守望、何化吾、吴育斌三位牧师发起成立了梅县基督教“三自”爱国会筹备小组，崇真会、浸信会、长老会等组织联合进行宗教活动。据 1954 年统计，梅州地区基督教徒有 2 184 人。1957 年，经批准可开展活动的教堂有兴宁城镇福音堂、五华华城、大埔茶阳等 13 间基督教堂。1959 年实行教堂大联合后，仍有 5 间教堂。“文化大革命”期间，教徒停止了宗教活动。

20 世纪 80 年代以来，由于政府落实宗教信仰自由政策，发还宗教团体房产，恢复宗教活动，加之港澳台同胞、海外华侨及部分教会的捐助，梅州地区基督教活动恢复得比较快。1983 年，兴宁、五华、梅县等地先后召开基督教代表会议，选举产生了“三自”爱国会和基督教协会。基督教“两会”不断发展与德国、瑞士、瑞典、美国以及东南亚各国基督教的友好关系。至 1990 年，梅州市共有基督教堂 78 间，教徒约 2.8 万人。① 据 1950 年统计，五华县当时有基督教堂 23 间，宣道所 3 间，教徒 5 000 多人。1982 年有教堂 5 间（源坑、龙水、水寨、华城、岐岭），活动点 18 处，信徒 4 986 人，发展到现在，五华县基督教信仰在梅州地区最为兴盛，

① 《宗教》，梅州市地方志编纂委员会编：《梅州市志》，广州：广东人民出版社，1999 年，第 1768 ~ 1769 页。

全县 16 个乡镇共有基督教堂或传教点 42 个，信徒基本上覆盖了全县所有乡镇，信徒上万人。

二、基督教在粤东客家地区传播的历史人类学分析

关于基督教在粤东地区传播的原因，据樟村基督教会简史记载，为大田樟村人张复兴在香港受洗礼，后来在家乡传播的结果，“1852 年，适逢（五华）灾荒，复兴请准西牧拨款回乡散发救济，乘机发书布道，传播福音。这是第一粒道种首先在长乐（五华）樟村散播继而传遍梅江、东江各县的缘由”①。实际上基督教信仰之所以能在五华县得到广泛传播，笔者认为除了张复兴本人一生在五华传教的努力外，还与当时的时代和社会环境、客家人的信仰观念以及客家人强大的宗亲网络等因素相关联。

（一）张复兴与大田社会

19 世纪 50 年代正是粤东客家地区政治腐败、经济衰败、社会动乱时期。从 1854—1895 年，五华县一直为天地会支会三点会的频繁活动区域。② 当时的乡村由于宗族间的械斗，盗匪横行，加之地处偏僻山区的自然环境，使得乡民生活在一种极度恐慌的无政府状态下。据 1862 年巴色差会宣教士韦永福前往五华的描述：“（我们）这一行人走一半旅程，到处都看到无数被焚毁的村庄。这是从 1853 年到 1855 年间由‘小刀会’和‘红巾党’的叛乱，以及政府无情的报复所造成的……当抵达五华县的边界时……控制着这客家地区的是张姓族人。”③ 张复兴为大田张姓族长，家名重辉，又名亚新，官名辉扬，原籍大田高寨，曾祖父立彦公时从高寨迁到樟村，繁衍到复兴这一代，将村庄拓殖到老禾仓。张复兴祖父曾经迁移广西，父亲张声麟留在本地以耕田种地为生，同时兼做生意和劳工，以补生活不足。1810 年张声麟独自前往广西谋生，在广西期间纳妾，并于次年生下张复兴。在广西，张复兴除了帮父亲做生意外，每年都有几个月在学校读书。张复兴 1838 年与当地黄姓女子结婚，1844 年回到家乡。1846 年张复兴离开家乡，在西江做船员运载木炭到香港，途中不幸沉船，丧失一切，后来张复兴便在香港经营日杂商店。1848 年张复兴遇见郭士立组织的

① 《摇篮》编委会编：《摇篮：献给樟村教会 150 周年》，2005 年，第 22 页。

② 咸丰四年（1854）七月二十七日，水寨三点会首领李正春回应太平军，率农民武装二千余人攻陷县城，后率万余人攻兴宁。咸丰五年（1855）十一月，永安三点会首领翟火牯回应太平军，率几万人攻占安流，进至锡坑。翌年，罗亚添率众从紫金抵安流、锡坑。同治三年（1864）八月二十九日，太平军康王汪海洋属下花旗部林正扬攻占长乐。

③ 《摇篮》编委会编：《摇篮：献给樟村教会 150 周年》，2005 年，第 94 页。

福汉会的成员何进光，参加了福汉会的学道班，不久受洗为福汉会的传道人，与郭士立一起向香港的石匠、水上人家、农夫等下层民众传播福音，其中许多人是客家人。1851 年张复兴在香港加入基督教会，接受西牧师韩山明的洗礼后，命名为复兴。1858 年张复兴购买樟村黄姓大宅，修改成西式教堂。韦永福一行进入五华大田一带能够得到张复兴的保护，概因“张姓的族长张复兴和名医张仲模，都是张姓人士，包括那群盗匪所属那一支人所尊敬甚至惧怕的”[①]，正是因为当时的社会状况，使得韦永福不得不放弃在其他村庄传教的活动，一直留在樟村受张复兴的保护。因此，大田樟村能够成为粤东基督教发源地是与当时动乱的社会环境和张复兴在当地的影响力相关联的。

（二）客家人多神崇拜的信仰观

客家地区的庙宇神明相当多而且复杂。客家人没有统一的宗教信仰，他们是多神论者，不论是儒、佛、道，还是天、地、神、鬼、巫，都有人信奉，甚至同时信仰崇拜。在客家地区，到处都是神坛社庙，举目都是神明：天有天神，地有伯公，门有门神，塘有塘神，井有井神，河有河神，公王、社官村村可见，山神、伯公山山都有，连饭桌、菜篮、扫帚、凳子都可为神。敬了佛教如来、观音的人，又去敬道教的吕洞宾。客家人到底信奉什么？谁也说不准，但又都清楚，即什么都信，只要能保佑自己就行，表现出强烈的功利思想和实用主义观念。据光绪《嘉应州志》统计，梅州全境除大型佛寺道观祠堂外，共计有庙观、宫坛等 207 处。在五华大田，客家人的信仰也呈现出多神崇拜的特征。在当地，既有代表儒家体系的祖先崇拜活动，如清明祭祖活动，也有代表道教体系的张法青信仰、天后信仰，还有代表佛教体系的关帝信仰、观音信仰等。近代以来客家人接受的基督教信仰，其信仰动机也带有很明显的功利性。如张复兴在大田传播基督教的过程中，曾经把家族的观音神像捣毁，后来“一位亲属的妻子难产，急匆匆跑来责怨张复兴，说：‘我老婆难产，没有观音菩萨求助，怎么办？’张复兴果断地说：‘应该向上帝祷告，你的妻子会平安无事。’几小时后，那位亲属回来告诉张复兴，他的老婆已平安生产了……”[②] 这一事件说明客家人有“举头三尺有神明”的鬼神观念，使得客家人在神明崇拜方面表现出巨大的包容性，从而较容易接受包括基督教信仰在内的外来文化，以迎合自己现实生活的需要。基督教在教义上宣扬人人平等，倡

---

① 《摇篮》编委会编：《摇篮：献给樟村教会 150 周年》，2005 年，第 95 页。

② 《摇篮》编委会编：《摇篮：献给樟村教会 150 周年》，2005 年，第 59 页。

导男女平等，人在罪恶世界中的苦难是无法摆脱的……这些教义和耶稣的经历得到越来越多人的认同。再加上基督教形式也越来越本土化，本来比较严格的仪式逐渐简单化，逐渐适应了人们的生活方式。客家人的宗教信仰有着一种“宽容”精神，所以基督教在梅州客家地区能较快发展起来。

（三）以家族和亲族为媒介构建传教网络

在张复兴早期的传教活动中，张复兴就是依托家族和亲族的力量在粤东地区传播基督教，“1853 年，张复兴即带领首先接受布道的房亲张阿二、张阿三、亲戚徐四伯（徐复光），千里迢迢到布吉找到韩山明为他们洗礼”①。因此，在 1864—1907 年大田樟村教会的黄金时期，在大田受洗的基督教徒，“除张复兴家族外，还有张永华、张聪模、张应恩、张新光、张庚新、张荣清等，五寨村有黄亚三、黄文洲、黄文甫、黄俊昌、黄仲渠、黄运安、黄道源、黄仲良、黄仲杰等”②。可以说，樟村从张复兴开始都十分注重在家族中传承基督教信仰。发展到现在，五华乡村基督教神职人员都是家族传承，信徒也是通过家族、亲朋好友的网络媒介发展壮大。笔者 2011 年 4 月 2 日在五华县大田镇源坑村考察该村的基督教历史时，对该村缪姓女信徒进行了访问。受访人说：“我现年 47 岁，丈夫在家乡从事运输，25 年前从附近的横江村嫁入本村。现在在村中从事种植业，以租用源坑村山地养猪、鸡和种植果树为生。”缪女士说：“我在嫁入源坑前，信仰本地宗教。嫁入夫家后，由于公公婆婆都是基督教徒，受家庭的影响接受基督教洗礼，生有一女三男，都信基督教。后来女儿嫁到县城水寨镇，由于婆家不信基督教，又改信地方神明。原因在于一家不能信两教。”

（四）教会学校对基督教传播的推动作用

近代西方教会在中国传教的过程中，为了适应传教的需要创办了许多教会学校。清咸丰八年（1858），随着樟村教堂的建立，教会学校也随之产生。当时教会学校取名乐育学校，只招收教友子弟，就读学生来自粤东五华、龙川、紫金、河源、兴宁、梅县等地。同治七年（1868），樟村教会又创办了存真女子学校，改变了当时社会重男轻女的观念，开创了女子能上学读书的先例。学校主要开设客语罗马字、三字小孩歌、客语读本、成语考、历史故事、圣经故事、进教初步、四福音、小学宗教读本、经文金句摘读等课程。同年，瑞士巴色差会在五华元坑建宗源书室（初小）、

---

① 《摇篮》编委会编：《摇篮：献给樟村教会 150 周年》，2005 年，第 23 页。

② 《摇篮》编委会编：《摇篮：献给樟村教会 150 周年》，2005 年，第 25 页。

养正书室（高小）。同治十二年（1873），元坑教会增设中书馆（中学），此为广东省东、梅两江第一所中学，也是瑞士巴色差会在中国创办的第一所中学，民国十三年（1924），元坑教会开办元坑初级中学。可以说，这些教会学校的开办不但客观上传播了近代科学文化知识，更主要的是培养了不少男女传教士，有力地推动了基督教在客家地区的传播。

（五）基督教的社会救助与教化功能

基督教从一开始进入客家地区就重视对信众的现实关怀。1862 年，张复兴为了救济那些家财被亲属夺去的基督教徒，在香港筹得一笔钱并交给教会，这笔钱后来成了樟村教会济贫库的基金，从而强化了樟村教会的社会影响力。另外，传教士在传道的同时，使用西医、西药为教友及村民治病。五华县宗教局的一位负责人在谈到当地民众信仰基督教的原因时认为，一是基督教信仰具有系统化的神学理论，不像本土的民间佛、道信仰，活动随意性很大，不是很规范；二是基督教神职人员对基督教徒表现出相当的现实关怀，对有困难的信徒都会探访祷告，如生老病死，特别是信徒逝世时全部信徒都会去送葬，很风光，不像非基督教徒，只有有钱人的葬礼才能办得场面大。所以，很多老年人都信基督教。

基督教活动还具有很强的社会教化作用。据樟村教堂张牧师讲述，樟村教堂礼拜的四项内容基本不变，前三项是吟唱《圣经》、唱赞美诗、启应经文不同章节的内容，只有第四项是牧师以各种主题为讲题向信徒讲述为人处事之道的讲题部分。所宣讲的内容对信众具有深刻的道德教化作用，有利于社会风气的净化。同时，基督教许多教义，比如诚实守信、助人为乐、克勤克俭，要求教徒不做损人利己和其他坏事，反对酗酒、赌博等，这些都对教徒的思想和行为具有一定的约束和规范作用。

三、大田樟村基督教徒的信仰生活

大田，旧称大田约（含汶水、杞水），俗称大田洞，位于五华县西部，距县城水寨镇 25 公里。其东邻潭下，西接河源，南界长布，北连龙川，总面积 150 平方公里，其中耕地面积 9 010 亩，山地 20 余万亩。各个自然村落分布在山间大大小小的盆地上，现有 12 个行政村和 1 个街道委员会，人口现有 2.5 万，聚居着张、黄、朱、林、钟、蔡等姓氏，其中以张姓为主，约占总人口的 90%。

樟村是大田镇西面一个偏僻的小山村，村庄主要由樟村（含上村、中村、下村）和老禾仓村两个村组成，全村主要有张、黄、朱三个姓氏，其中老禾仓村清一色为张姓。樟村共有 1 000 多人，其中张姓人口占 80%，属于大田镇最小的一个行政村，其他行政村都有 3 000 人左右。之所以要单独设立一个行政村，主要是因为樟村和老禾仓村是该区域最为边缘的一个山间盆地村落，具有较为独立的地理单元，外人要进入樟村需翻过一座车程半小时的高山，若合并到其他行政村（如相邻的高寨行政村）不便管理。全村地处山间盆地，山多田少，有山地 20 000 多亩，耕地 400 多亩。历史上村民主要靠耕田、耕山和开矿为生。如老禾仓虽然田地不多，但因土地肥沃，粮食产量高而得名。樟村则以耕种山田和开采锡矿为经济支柱。发展到今天，随着人口的增长、田地的减少以及锡矿资源开发的竭尽，该村的经济增长方式发生了结构性改变，现在村民的主要经济来源为耕田和外出务工收入，由于青年人基本上都外出务工，村庄耕地只有 100 多亩得到耕种，余下 300 亩基本上属于抛荒状态。如老禾仓的经济来源完全是外出务工所得，村庄的田地无人耕种。山地则租给佛山、香港的花木公司种植桉树，从中获取一定收益。

樟村有信徒 400 多人，接受洗礼的有 300 多人，由于很多人外出务工，平时参加聚会的只有 40 多人。然而，老禾仓全村都是基督教徒，村里年轻一代都在深圳、东莞、惠州等地经商、任职，村庄很现代，除祖屋新风楼是传统客家围龙屋建筑外，其他都是现代小洋楼。

樟村传统的建筑形式为粤东地区典型的围龙屋，但只是在外形与建筑结构上保存了客家传统建筑元素，不存在围龙屋的文化内涵。在上厅没有神龛与祖先牌位，也没有土地神和五方龙神，取而代之的是上厅天子壁上贴有上帝耶稣的画像。

在樟村，基督教徒的坟墓外形与客家人的坟墓外形一样，除在墓碑的书写上不同外，基督教徒的坟墓还没有后土神，因为基督教徒认为在他们的信仰世界里，上帝是唯一的真主。但是，2000 年后的大田樟村的基督教徒坟墓有后土神。基督教徒也流行二次葬①，也过清明节，拜祖先不用三牲、纸钱，只是在祖坟上除草、放鞭炮。

据一位张姓信徒讲述，他们虽然是客家人，但是因为信主，很多习俗都发生了改变，比如春节的对联完全摒弃了客家人传统的书写方式，在婚丧喜庆、搬迁房屋等重大传统习俗上也不遵循客家人的风俗习惯，受风水

---

① 客家地区传统的丧葬方式，死者过世后，其家人会先将尸体草草掩埋，待一段时间后（两年到十年不等），尸体腐烂殆尽，拣拾遗骸残骨，用茶油或白酒洗净后按人体结构屈体放入陶瓮，另外找块风水宝地建坟墓埋葬。这种专门用来盛尸骨的陶瓮，有些地方称为“金罂”；二次葬拣骨的过程也相应地被叫作“拣金”。

和时辰等因素的影响，认为除了星期日以外都可以举行各种活动。同时，他们不反对非基督教徒的客家习俗与信仰，也不反对与非基督教徒家庭联姻，基督教徒认为在与非基督教徒交往互动中可以按照各自的习俗行事。在信仰上，基督教徒认为信仰神明会导致个人行为受到许多外界力量的影响，对人的行为会产生很多控制，信主则不然。

现在基督教的主要活动有每个星期都会做礼拜，礼拜的主要内容是在教堂学习《圣经》、做祷告、唱赞美诗。灵修是为了专心默想基督教教义，求神保佑。有时，教徒也修检自身言行，忏悔过错。此外，少数虔诚者在每日餐前还做简短的"谢饭祷告"，这些活动是在家里进行的。

笔者 2011 年 4 月 3 日在大田樟村教堂参与了教徒的礼拜活动。礼拜活动主要有四项内容：唱诗、启应、读经、讲题。整个活动既有朗诵，也有歌唱，做礼拜时用风琴和二胡伴奏。参加者有老人、小孩、中年人，还有学生，大家都很投入。作为一种宗教信仰活动，其一改中国本土其他信仰单调的烧香、跪拜等仪式，融读、唱等于一体，让人感到基督教信仰内容的丰富。它不仅是一种信仰活动，还是乡村社会一种重要的文化生活。而现在的乡村由于经济落后，文化设施匮乏，非常缺乏调适村民生活情趣的元素，特别是改革开放以来农村人口的大量外流，许多乡村家庭成为空巢家庭，使得客家山村生活枯燥，基督教信仰恰好能在一定程度上缓解留守客家人生活的寂寞。一位 40 多岁的妇女说，她的丈夫和两个儿子长年在外打工，家里就她一个人，遇到什么事都得自己解决，没什么依靠，一个人在家也感到很寂寞。看村里一些跟她情况相似的妇女经常去参加聚会，有说有笑的，她自己也就跟着去了，去了几次发现这种聚会很有意思，大家能聚在一起聊天，并且在那里她能感觉到一种家庭的温暖，排遣了生活的烦恼，同时也找到了精神的寄托。

据樟村教堂张牧师讲述，基督教信仰一直奉行"爱"与"和"的人生信条。所谓"爱"就是做人要有爱心，"和"就是与人相处要和睦。几百年来，樟村信徒一直以"爱"与"和"为自己的行为准则，使得现在整个村落从村容村貌到民风都与其他村落完全不同了。大家都重视村庄的公益事业，修建了灯光篮球场、游泳池、环村水泥道、农家书屋、便利商店、公共卫生间等公共设施。村庄里民风相当淳朴，从来没有发生过偷盗等违法犯罪事件。

四、基督教文化与客家传统文化的冲突与调适

汉人社会的民间信仰内容繁杂，而其中又以祖先崇拜为重心，这是中

国人宗族、家族、家庭观念极重的表现，这种观念也影响到广大民众的宗教信仰。对于民众来说，“敬天”远不如“祭祖”那么实在和重要。然而，基督教在广大民众眼中，是一个“不敬祖宗及诸神灵”① 的宗教，它自然遭到了中国上层社会与下层社会的排斥。② 在少数民族地区，这种现象也很明显，民间信仰中自然崇拜色彩较重的地区，“因缺乏对基督教的有效制约，促成了基督教在这一地区乃至同一民族内部的较为广泛的分布”，而在祖先崇拜色彩较重的地区，对基督教的抵制要大得多。③

客家文化作为“中国传统文化的活化石”，保留了最原生态的汉人信仰观念与文化生活，特别是鬼神崇拜与祖先崇拜。

传统社会的大田神坛庙宇林立，如八房坝、黄麻坑、双螺石的张公仁爷庙，樟村、杞水的关帝庙，黄麻坑的张毛大郎庙，还有各地的观音庙、法显庙、天妃庙，八房坝的水口宫、福田宫，青岗的青云宫等。传统社会的人们希望通过祭拜这些神灵，达到消灾祈福的目的。人们除了平时到这些寺庙顶礼膜拜外，围绕着这些寺庙的神明还主要从事庙会与醮会两种祭祀活动。

庙会是神明的生日庆典活动，内容和形式在各个神庙都大体相似，其仪式大致分为三部分，即起会、上表、出巡。所谓起会，即表明庙会筹备就绪和受雇的道士、吹鼓手、戏班、厨师等一切人员各就其位。上表，又称奉朝，就是组织善男信女在庙会期间对神明参拜，并在参拜后产生下届庙会的首事，即主持者。上表期间，道士表演奉朝法事，戏班演戏，吹鼓手吹奏各种乐曲。出巡，即抬着神明的神像在辖境游行。

醮会是人们庆祝丰年，祈祷神明庇护，渴求风调雨顺、人寿年丰的一种活动。活动一般从正月初八持续至十六。活动过程如下：

第一，起醮福。实际上就是召开建醮筹备会，一般在建醮前3～4个月举行。起醮福主要是筹建醮会的领导班子，筹集醮会经费，做好筹建醮会的人员分工。

第二，起醮。全体醮会领导成员进入醮园正式执事，张灯结彩布置醮园，扎排楼、金刚，所有受雇的道士、吹鼓手、戏班、厨师等一切人员各就其位。期间一日三餐大开斋席，按照个人身份决定就餐次数，如总理三餐、缘首一餐（午餐或晚餐）。

---

① 王明伦编：《反洋教书文揭帖选》，济南：齐鲁书社，1984年，第3页。

② 参见陈支平：《近500年来福建的家族社会与文化》，上海：上海三联书店，1991年；陈支来、李少明：《基督教与福建民间社会》，厦门：厦门大学出版社，1992年。

③ 参见韩军学：《基督教与云南少数民族》，昆明：云南人民出版社，2000年，第158页。

第三，拈香，又称请神。一般在正月初八，是以醮会的主神去邀请周边的神明来共庆醮会的一种隆重仪式。与庙会的出巡仪式一样，到附近各个宫庙请神。

第四，迎榜。正月十三将当年醮会的捐资人、捐款数列出红榜，选村中“福、禄、寿、全”的人抱着红榜坐在敞篷轿子上，后随捐款人（即总理、缘首）及游行队伍环游全境。

第五，上表。信众交一定费用到醮园上表祈福，并入席就餐一次。

第六，放河灯。醮会期间举行的解救生灵的一种祭祀活动，把预先准备好的飞禽、鱼鳖放归自然。

第七，施孤衣。即按照道士的安排把醮会期间信众制作的“孤衣”（纸衣服）统一到指定地点焚化，是表示施舍给孤魂野鬼的一种“赈济幽魂”的仪式。

第八，散醮。拆除醮园，全体醮会人员聚餐一次，恢复荤席，庆祝醮会成功。

所以说，大田客家地区具有根深蒂固的汉人社会的鬼神崇拜传统。作为西方外来基督教要进入这样一个区域必然要与本土文化发生碰撞与冲突。当1852年张复兴回到家乡高寨传道之时，恰好遇到村庄为神灵举行重大庆典，张复兴对人们祭鬼的行为进行了批评，并捣毁了家族供奉的观音神像。① 在遭到当地人的反对时，张复兴通过合理的解释来平息乡人的反感：“我不是与你们作对，我只是反对那些神灵……假如你们这些神有灵，让他责罚我。如果在回家的路上，我开始吐血，或是肚痛抽筋，那我就相信其灵验……”②

2003年，陈赟在五华地区的基督教葬礼研究中发现，“基督教徒举行葬礼时，客家传统神明信仰和基督教信仰产生了对于仪式空间的争夺，死者宗族中有人提出出殡前请狮队舞狮‘出煞’，在下棺前用雄鸡置于棺头‘压煞’，因为狮为百兽之王，可震慑邪魔；鸡属阳，可制阴”③。而当地基督教徒认为，耶稣基督才是万王之王，耶稣在天上照看子民，不必惧怕魔鬼恶灵。最终在这一仪式中，“基督教的礼拜与祷告仪式的嵌入，替代民间信仰仪式完成了驱邪的作用”。由此可见，客家基督教信仰在客家地区与当地的神明信仰是一种冲突的关系。

---

① 《摇篮》编委会编：《摇篮：献给樟村教会150周年》，2005年，第58页。

② 《摇篮》编委会编：《摇篮：献给樟村教会150周年》，2005年，第58页。

③ 陈赟：《从基督徒的葬礼看基督教在五华地区的本色化》，《客家研究辑刊》2005年第1期，第77~82页。

在信仰神明的同时，大田还具有浓郁的祖先崇拜的儒家传统，其主要表现是大田人对清明节到祖墓祭祀祖先的活动尤为重视。

清明节本为汉人扫墓祭祖的传统节日，大田的清明节则与众不同。相传大田清明节上坟祭祖的传统始于明朝永乐年间。张姓开基祖洪恩公卒后择地而葬，以其坟地之地理形势称为“骊龙戏珠”，被后裔视为风水宝地。此后，张姓将清明定为公祭日，世代延续，是日各地张姓后裔在洪恩公祠堂管理委员会（1950 年前是大田张姓族长）的组织下云集在洪恩公墓地，经过一番祭祀之后，就地露饮，谓之祖宗所赐“裔食餐”。所有费用由祭祖经费（1950 年前为公尝）支付，是夜家家户户大开筵席招待亲朋好友。由于整个活动相当隆重，故当地有“清明处处有，唯独大田奇”之说。

张复兴在传道过程中，一直力图破旧立新，摧毁旧的信仰体系，传播基督教思想。但是在 1856—1857 年，张复兴家庭遭到一系列的变故：先是独子夭折，然后是自己和女儿患病，最后是妻子病重不能生育。当地人认为他触犯了神明，是忽略了祖先而遭受的报应。在这种情况下，张复兴进退两难，“如果再娶一个妻子，按照基督教的教理是犯罪的行为，不娶，没有儿子，后继无人”①。在这种激烈的思想斗争后，张复兴屈服、妥协于“不孝有三，无后为大”的儒家文化压力，娶了第二任妻子。也正是因为这件事情，张复兴与教会发生了一系列的冲突。而最终也因为张复兴“族长的身份”，教会妥协了。

现在，大田基督教徒与本土信仰之间是一种“若即若离”的关系。一方面基督教徒定期参加教会的各种活动，从不参加神庙举办的各种庙会、醮会等祭祀活动；② 另一方面在大田的清明祭祀活动中，樟村人、老禾仓人仍旧参加，如大田张姓开基祖洪恩公祠堂的修建、《张氏大田洪恩公源流》的修撰，都有樟村人、老禾仓人捐款。笔者在老禾仓访问时，就有许多在深圳、东莞、惠州等地务工、经商者返回家乡过清明，且在坟墓的修建形式、后土神的安放等方面足以显示基督教徒对客家传统文化的融合与吸收。③

值得深思的是，基督教徒对神灵崇拜与祖先崇拜态度不同的原因何在？

基督教的教义主要来自《圣经》，随着社会的发展，教派不断涌现，但基本的信条“十戒”主张“除了我（上帝）以外你不可有别的神；不

---

① 《摇篮》编委会编：《摇篮：献给樟村教会 150 周年》，2005 年，第 25 页。

② 笔者调查发现，在大田所有神庙内的捐款名单中没有发现樟村人、老禾仓人。

③ 关于这一点在“大田樟村基督教徒的信仰生活”章节已有论述。

可为自己雕刻和敬拜偶像；不可妄称耶和华你上帝的名；当守安息日为圣日；当孝敬父母；不可杀人；不可奸淫；不可偷盗；不可作假证陷害人；不可贪恋别人的妻子和财物”。从这一信条中可以发现基督教对其他神明崇拜的抵制，并且基督教强调信教的目的出于信众来世进入“天堂”的需要。而中国民间神明崇拜的目的是获得现实的利益，而不是“来世”的目的，因此信教的目的完全是背道而驰的。

相反，“十戒”信条与祖先崇拜的儒家思想却有许多共通之处。据梁燕城研究，中国古时就有祭天之俗。① 天坛上没有神像，只是书写“王天上帝”，中国古代的《诗经》、《书经》等典籍内也有“上帝”之说。可见，古人早就相信“上帝”是最高的真神了。古人祭天的同时，亦纪念祖先。因为古人认为祖先死后是去上帝那边了，所以在中国古代文化中上帝是与祖先一同纪念的。到了儒家时代，人们认为祭祖先可以培养人的道德品质。曾子云“慎终追远，民德归厚矣”，说的就是谨慎生死，不忘先人，能培养人们道德的意思。因此，纪念祖先本身是中国的一种文化。只是后来佛教传入中国，将祖先与鬼神、菩萨放在一起供奉，才演变为民间信仰的范畴。同时，祖先崇拜中的家训、祖训也与基督教的教义相一致。如大田张氏四世祖张俊晚年订立家训九条云：“……为士为农，为工为商，须各安生理，各守规矩。克勤克俭，无学赌博，无好奢侈。毋沉于酒，毋沉于色，毋闲嬉游，以坏家风。所宜和邻睦族，孝敬尊长，好德尊贤。存心宜宽而厚，平而公。毋计较，毋惨刻，毋岔恨，以败行检。待人宜忠而恕，敬而信。毋炎凉，毋偏拘，毋枭刻，毋嫉忌，毋蠹害，以贻恶名。至取物用度，宜遵节，宜爱养，毋耗费，毋淫巧，毋枉害。以鸩天物。此数者，人生大节所在。”②

五世祖张仲新首次修编的《大田张氏族谱》“家训”中也纳入了“戒作非为、勿贪外财、立身之道、合室和平”③ 等条目。

基督教教义与儒家文化的契合正如老禾仓人张任谦在《禾仓赋》中所言：“百余年来，后辈秉承祖训，崇文明，尚礼仪，勤耕苦读，邻里和睦，忠孝传家，笃信基督……更可贵者，禾仓子弟，心系桑梓，不忘故土养育之恩，一俟有家乡公益，皆慷慨解囊，此正彰显了基督爱之真谛……”

因此，从祖先与上帝的关系，以及神明崇拜、祖先崇拜的不同文化内涵与基督教教义的比较中可以发现，基督教在传播与发展过程中对神明与

---

① 梁燕城：《春节习俗与基督教信仰面面观》，《基督日报》，2010 年 3 月 12 日。
② 《张俊公遗训》，张锡钦、张汉廷主编：《大田风情》，2003 年。
③ 《仲新公家训》，张锡钦、张汉廷主编：《大田风情》，2003 年。

祖先的不同态度。

基督教在五华县大田传播的历史与现状，为我们展现了一个半世纪以来基督教在中国南方山区发展的历史脉络。在这个过程中我们可以发现，基督教在中国的传播与发展不仅仅是为了融合中国人的自身信仰，满足信众现实利益的需要，还是为了寻求基督教在自身的发展过程中与中国传统的民间宗教信仰等本土文化的契合点，不断从冲突走向融合，最终实现基督教文化的自身变迁。

参考文献

[1] 范正义:《民间信仰研究的理论反思》,《东南学术》2007 年第 2 期。

[2] C. K. Yang, *Religion in Chinese Society: A Study of Contemporary Functions of Religion and Some of Their Historical Factors*, Long Grove, IL: Waveland Press, Inc. ,1991, p. 20.

[3] 王铭铭:《社会人类学与中国研究》，北京：读书·生活·新知三联书店，1997 年。

[4] 段琦:《当代中国基督教概况及所面临的问题》，《世界宗教研究》2003 年第 3 期。

[5] 舒景祥:《关于黑龙江省天主教、基督教概况及其教徒信仰趋向的调查分析》,《黑龙江民族丛刊》2003 年第 3 期。

[6] 王步贵:《基督教在甘肃的传播和影响》,《甘肃社会科学》1997 年第 2 期。

[7] 孙雄:《浙江宗教状况及其对社会发展的影响》,《中共浙江省委党校学报》2001 年第 1 期。

[8] 韩敏:《回应革命与改革》，南京：江苏人民出版社，2007 年。

[9] 甘满堂:《村庙与社区公共生活》，北京：社会科学文献出版社，2007 年。

[10] 贺雪峰:《什么农村，什么问题》，北京：法律出版社，2008 年。

[11] 高师宁:《当代中国民间信仰对基督教的影响》，《浙江学刊》2005 年第 2 期。

[12]《张氏大田洪恩公源流》编辑委员会编:《张氏大田洪恩公源流》，2005 年。

[13] 五华县地方志编纂委员会编:《五华县志》，广州：广东人民出版社，1991 年。

[14] 张锡钦、张汉廷主编:《大田风情》，2003 年。

第十章　民间信仰与海峡两岸关系
——以三山国王信仰为中心

民间信仰是客家传统文化的重要组成部分，在海峡两岸客家族群的互动交流中发挥着极其重要的作用，是两岸客家族群联系的重要纽带。“大到‘三山国王’，小至‘福德伯公’的崇拜、祭祀，两地的客家人几乎都是一致的。”① 一般而言，在台湾要简单了解一个地方的文化来源与特色，可以从当地居民信仰的寺庙入手，从其中特殊的民间信仰，就可以知道当地早期居民的原乡地。例如，庙宇所奉祀的主神若是“开漳圣王”，则当地早期居民原籍多数为漳州；主神若是“保生大帝”，则原籍多数为泉州同安县；主神若是“广泽尊王”，则原籍多数为泉州南安县；主神若是“保仪大夫”或“清水祖师”，则原籍多数为泉州安溪县；主神若是“三山国王”，则原籍多数为粤东客家地区。正如连横在《台湾通史》中所记载：“夫台湾之人，闽、粤之人也，而又有漳、泉之分也。粤人所至之地，多祀三山国王，而漳人则祀开漳圣王，泉人则祀保生大帝，皆是其乡之神，所以介福禳祸也。”②

多神信仰是两岸客家民间信仰的一个共同现象。在台湾苗栗县的大湖乡，由于居民多数是从清代嘉应州移民而来的客家人，所以居民信仰的也多是从原乡迁徙而来的“移神”。如台中《大湖乡志》记载：

一百多年以前（清咸丰十年以前），大湖尚未开拓，有原住民聚居于此，来此开拓的先民，筚路蓝缕，胼手胝足，既要抵御瘴疠、防范意外，并防止原住民出草馘首的危害，以保全身家性命；复得祈求上苍保佑风调雨顺，五谷丰登，所以，自大陆原乡带来了佛、道及通俗信仰。比如位于大湖街的万圣宫，即因本乡初辟、原住民纠骚无常，乡人请中路统领林朝栋发起建宫，奉祀关圣帝君，以安民心。其神像乃由福建都督署精选檀香

① 房学嘉：《客家民俗》，广州：华南理工大学出版社，2006年，第1页。

② 连横：《台湾通史》卷22《宗教志》，北京：商务印书馆，1983年，第413页。

木雕刻，由后龙港恭迎入境的。又如位于南湖街的南昌宫，也是开发南湖的黄满（黄南球）头家，为祈求关圣帝君庇佑庄民而建，后来请大陆福州名师恭塑主神关圣帝君及关平太子、周仓将军、五谷神农大帝、伯公等神像奉祀。①

三山国王信仰是粤东地区的主要民间信仰活动，从明代开始随着粤东客家人向台湾的迁移，三山国王信仰也传到了台湾地区，成为客家人开发、建设台湾的重要守护神。本章主要透过不同历史时期三山国王信仰在粤、台两地的互动来探讨民间信仰在两岸关系中的地位和作用。

一、三山国王信仰的起源及在粤东、台湾的分布与发展

相传三山神庙始建于隋，显于唐，封于宋。元代的编修官刘希孟曾作《明贶庙记》，把巾、明、独三座山岳神格化的由来阐述得颇为详尽。三山国王信仰的内容，主要有秋收后的打醮、中元节的施孤、正月初二的出巡以及每年二月二十五日、六月二十五日、九月二十五日三天的大王（巾山）、二王（明山）、三王（独山）的生日祭祀。②

揭西霖田祖庙原称明贶庙，又名三山国王庙，俗称大庙，位于揭西河婆镇西南2公里外的玉峰（即庙山）脚下。前临榕江，后倚玉峰，是一座规模宏大的灰沙土夯墙盖瓦建筑，殿廊皆雕梁画栋，富丽堂皇，极具民族特色。庙宇始建于隋，显于唐，封于宋，至今已有一千四百年的历史，此后历代都有修整。为了弘扬民族传统文化，保存地方名胜古迹，1984年以来，在揭西地方政府的支持下，成立“揭西县修复霖田祖庙理事会”，对祖庙进行修复，1984年被列为县重点文物保护单位。庙前有石拱桥，门口两侧各置泥塑将军像一座，其旁各有一匹泥塑白马，正殿为三山国王坐像，两廊供诸官神像、罗汉，后殿供三山国王夫人像，共百余尊神像，皆塑得栩栩如生，巧夺天工。

在大陆原乡，三山国王信仰范围大致局限于粤东福佬方言区和客家方言区，所谓“潮及梅、惠二州，在在有庙”。据不完全统计，粤东地区三山国王庙约250座，其中揭阳60座，汕头65座，潮州25座，梅州45座，汕尾19座。经过重新整修，有一定规模和影响力的是揭西霖田祖庙、饶平鸿埕大庙、潮阳棉城蛇脐古庙、澄海银砂古庙。此外，汕头市区已发现三山国王庙30多座。

---

① 《大湖乡志》，苗栗大湖乡公所，1999年，第669页。

② 具体内容可以参阅贝闻喜：《潮汕三山国王崇拜》，广州：广东人民出版社，2007年。

明清以来，随着广东（以明清时期行政区划中的潮州、嘉应、惠州三府为主）移民在台湾的发展繁衍，三山国王信仰逐渐在全岛范围内广泛传播，全岛各地纷纷建庙奉祀。由于台湾的三山国王庙大多分布于偏远山区乡村，且长期处于毁坏、重修和新建的过程中，对其数量一直有着不同的说法。据1987年台湾民政厅编印的《台湾省各县市寺庙名册》统计，当时台湾共有三山国王庙145座，其中宜兰县34座，为全台最多。研究台湾历史文化的学者统计，岛内三山国王庙至少有170座。岛内三山国王庙组织的统计数字则是400多座，信众有600万人。目前，台湾已发现的三山国王庙主要集中于四个地区：南部的高雄、屏东二县，特别是下淡水流域；中部大甲、大肚、浊水、大港四条溪流的中下游平原和丘陵地区；新竹境内的竹堑溪和凤山溪流域；宜兰平原。台湾三山国王信徒以粤籍客家人、潮汕人为主，也包括部分闽南籍民众，并成立了台湾省奉祀三山国王庙宇联谊会。

台湾最早供奉三山国王的庙是1683年由陈振福等38位追随郑成功的先贤创建的，他们从潮州的祖庙中请出神尊引渡至台湾新竹县南寮港登陆，在苗栗北角建庙奉祀三山国王圣像，其后他们又在宜兰县冬山乡建立了“振安宫”，以供奉三山国王神尊。

现在台湾影响较大的三山国王庙主要有彰化永靖乡甘霖宫、社头乡枋桥头镇安宫、鹿港镇埔仑里霖肇宫、宜兰县员山乡三山国王庙等。其他供奉三山国王的神庙均由以上四庙分香建立。时人记载：“凡粤东客家来台者，悉奉（三山国王）香火。”据台湾学者刘还月描述：“三山国王自古以来便是粤东民众信奉的守护神，客家人渡海来台时，大都带着三山国王的香火共同渡海而来，并在每一个初拓有成的地方建庙奉祀，这种现象在拥有二十六座三山国王庙的兰阳平原最为明显，台中平原沿海地带的闽人社会，也存有少数的三山国王庙。”透过这些三山国王庙，可以看到粤东地区族群向台湾迁移的史实，以下列举几座三山国王庙：

彰化县溪湖镇霖肇宫是台湾三山国王庙的开基祖庙。《荷婆仑霖肇宫沿革志》记载了400多年前三山国王最初传入台湾的情形。台湾信众后来还在1986年举行了三山国王入台开基四百年的庆典活动。

云林县太和街三山国王庙，是大埤三山国王庙的旧称，坐落在大埤乡大德村新街部落，有人称为新街庙。清朝康熙甲寅年（1674）广东饶平人张忠义渡海来台，随奉三山国王香火保身，镇宅奉祀于太和街。太和街三山国王庙神威远播，灵佑众生，分灵建庙，分布于全省各地及海内外。

台南三山国王庙。清乾隆七年（1742）由台湾知县杨允玺、台湾镇标左营游击林梦熊等潮州籍官吏率粤东诸商民捐资创建，庙中主祀三山国王，并提供同乡往来住宿服务，也称潮汕会馆。

桃园的三山国王庙，又名“仁和宫”，为桃竹庙三山国王的祖庙，现在桃竹庙地区的许多三山国王庙都是从这间祖庙分香出去的。如桃园景福宫、大溪福仁宫、平镇东势建安宫以及从建安宫分香的龙潭三坑子永福宫、观音石桥复兴宫和应天宫等。只不过这些过去属于桃园三王公庙系统，在后来的社会历史变迁中逐渐蜕去三山国王色彩，转属于开漳圣王崇拜系统。而埔顶仁和宫、东势建安宫、石桥复兴宫，在保留三王公老庙名的前提下，也冠上开漳圣王名号。石桥的应天宫虽然在主神墙壁上挂着大大的两个“王”字，对外却改以关公等诸神称呼，既不保留三王公，也没有冠上开漳圣王。而对于“三山国王”这个名号，龙潭三坑子的永福宫一开始就将“三王公”称为“三山国王”，并加以祭祀，只是后来主神改为“三官大帝”，“三山国王”和“开漳圣王”沦为陪祀。至于大溪的福仁宫，虽然将从埔顶“三王公庙”分香出去的“二王公”奉为主神，但后来也将之改称为“开漳圣王”，只是仍保留“三山国王”神明。桃园的三山国王庙，今天呈现在以上各种不同形式中，其中各庙的沿革，除了桃园景福宫和大溪福仁宫以及台北士林湳雅庄德和小区“三王公”有写明分香火于埔顶粟仔园“三王公庙”，其他诸庙则全部各自创新沿革，相当程度上刻意隐去和祖庙之间的关系。

屏东县的第一大镇潮州镇，闽、粤居民各占一半，街市的主要语言为闽南话，但客家人的守护神——三山国王，却是潮州地区主要的信仰，街市内的三山国王庙，更是当地规模最大的庙宇，享受闽、粤两籍人士的香火。

二、粤台三山国王信仰的互动与发展

三山国王信仰从粤东原乡向台湾播迁的过程中，逐渐形成了揭西霖田祖庙（根）、台湾分香庙（枝）的源流关系网络，成为粤台血缘亲情割不断的纽带。400 年来，三山国王一直是台湾粤籍移民拓荒台湾、建设家园的精神支柱，在外来侵略者打压和社会变迁过程中仍香火不断、历久不衰。400 年后的今天，台湾众多三山国王庙仍割舍不了与祖国大陆母体的联系，冲破种种自然或人为障碍，漂洋过海到祖国大陆的祖庙进香。台湾信众通过三山国王崇拜，寄托着台湾同胞对故土的深深眷恋之情，三山国王信仰成为粤台血缘亲情割不断的联系纽带。

1. 移民初期

粤籍移民将家乡的香火带到台湾，并在岛内各地播撒火种，寄托了移民的思乡思亲情怀，使大陆传统文化在台湾生根，又使三山国王成为粤台之间血缘亲情关系割不断的纽带。客家人在移民台湾之初，由于地域的阻隔和经济的因素以及造船航海技术的局限，分香庙到揭西霖田祖庙进香未形成定规。于是，信众采取了更为便捷而且安全的到在台开基庙进香的方式。

霖肇宫为台湾三山国王开基祖庙之一，溪湖东溪的霖肇宫、埔心旧馆的霖兴宫、埔心芎蕉的霖凤宫、田尾海丰的沛霖宫，都是霖肇宫在台湾的分灵庙，信徒遍布七十二庄，每年都有拜祖接香的仪式，彼此间关系密切，是当地最重要的信仰之一，亦是地方能维持和睦的主要原因。霖肇宫初创时本为临时搭建的茅屋，供奉三山国王神位祖牌，明万历二十七年（1599）邀广东河婆雕塑名师恭塑国王圣像三尊奉祀，道光十二年（1840）始建大庙，香火旺盛。1953 年重新翻修，近年庙宇又得到扩建。庙中古物仅存正殿神龛上高悬道光二十八年（1848）岭南弟子所献之“鼎峙英灵”匾，这是早期两岸族群互动的生动见证。

2. 日据时期

1895 年，中日《马关条约》签订，台湾沦为日本殖民地。日本当局为了加强对台的殖民统治，在台推行了“皇民化”运动和“寺庙升天”运动，妄图以日本神道教和靖国神社来取代台湾民间的宗教信仰，以此来隔断台湾与祖国大陆的文化渊源关系。当时，许多民间宫庙被列入弃毁的名单，据《重修台湾省通志》卷 3《住民志・宗教篇》载：“因此被其废弃之神像，有福德正神、开漳圣王、关圣帝君、三官大帝、天上圣母、五谷神农大帝、义民爷、玉皇大帝、保生大帝、三山国王、大众爷、斋教龙华派开祖罗祖师等……泥涂之塑像用斧推破，木雕之神像则一部分送到台北帝国大学土俗学教室保管，以作研究之资料。”然而，两岸血浓于水的骨肉亲情关系是任何力量都无法切断的。如《云林县大埤乡太和街三山国王庙沿革》记载：民国二十六年（1937），日本殖民当局下令将该庙所有神像集中运往斗六郡焚毁，改奉日本大麻神宫。该庙供奉的三山国王、文武将、神位牌均被焚毁。当地信众不忍祖先由大陆迎渡来台奉祀的神像被焚毁，冒着生命危险将其中的老三王神像偷回家中供奉。1946 年台湾光复，当地信众马上将神像迎回，并集资重塑雕像、修葺庙宇，成为当地庆祝台湾光复的盛事之一。

3. 改革开放以后

国民党退踞台湾之后，两岸同胞开始了长达 30 年的隔绝状态，台湾三山国王与大陆祖庙间的民俗交流也因此中断。随着大陆改革开放，两岸之间恢复“三通”，台湾当局开放民众赴台探亲，台湾各地三山国王庙纷纷返回大陆“探亲”。自 1995 年起就有来自彰化、屏东、台北、新竹等地 120 多个进香团，共计上万人次到祖庙进香。

台湾各地三山国王庙赴祖庙进香团统计表（1995—2007）

进香团来源地	彰化	台北	屏东	新竹	台中	高雄	云林	宜兰	台南	苗栗	基隆	合计
次数	25	21	17	14	11	10	7	6	5	4	3	123

注：本表根据霖田祖庙收藏《台湾各县市进香团逐年登记册》所记载的台湾进香团进香情况制作。

1988 年 3 月 21 日，台湾《中国时报 · 地方综合新闻》报道了当时宜兰县冬山乡振安宫回祖庙进香的经过和对台湾的影响：“在政府开放大陆探亲，全省各地的妈祖庙抢回湄州探亲热之后，全省各地的三山国王庙也展开回乡探亲较劲，均未如愿找到揭阳县霖田祖庙，但宜兰县冬山乡的振安宫拔得头筹，并将在二十九日迎回三尊祖庙神像。据振安宫人员表示，由该宫管理委员会主任委员陈添财率领的二十六人探亲团在三月六日启程，已经到过揭阳县霖田三山国王祖庙。振安宫人员透露，去年（1987）八月以来，花莲护国宫、壮举六顺天宫、屏东林边三山国王庙、嘉义庆宁宫、丰原德惠宫、埔里奉天宫均向振安宫索取霖田祖庙资料，但振安宫并未施给最详细的地址。又说花莲护国宫甚至在去年八月企图派出探亲团到霖田去，但未找到祖庙。而冬山振安宫系 300 多年前有 38 名人士随郑成功来台，并奉神像来台，便在宜兰冬山建庙。振安宫计划在三月二十九日三神像返台时，举行迎神会，并在四月十一日举行过火仪式。”据揭西霖田祖庙庙委会的记录，1989—1998 年十年间，来自台湾的三山国王寻根问祖团有 230 多个，信众 5 000 多人。近年来，台湾三山国王庙组织来粤东地区寻根祭祖的次数有所增加，规模亦有扩大的趋势。仅云林县大埤乡太和街三山国王庙在 1999—2001 年间便先后 4 次组团来揭西三山祖庙瞻仰进香。2001 年 9 月，该庙组织信众 316 人取道台中到金门，再从金门经由厦门到汕头，最后从汕头到揭西进香，是迄今为止最大的进香团体。有感于信众众多、路途遥远、组织困难，该庙本打算于次年再组织 600 多人取道台中直航汕头进香，后因某些主观原因未能成行。

2007 年 5 月 28 日至 29 日，台湾三山国王宫庙联合谒祖进香团一行 168 人，专程来到粤东南澳岛后江象山三山国王庙和揭西县霜田三山祖庙举行大型进香谒拜活动，开展以三山国王文化为主题的民间文化交流。南澳岛后江象山三山国王庙始创于南宋德祐年间（1275—1276），香火自揭西霖田祖庙传入，至今已有七百多年历史。后江象山三山国王庙历来神威显赫，香火旺盛，有过长达数百年的“日有百船求平安，夜有千人圆美梦”的兴旺历史，成为岛内外民间最信奉的古神之一。南澳为台湾同胞祖居地和台湾渔船停泊基地，历年来都有很多台湾同胞尤其是台湾渔民前往后江象山三山国王庙进香。潮汕与台湾民间共同信仰的三山国王和妈祖，使两岸同胞交流不断。这次台湾三山国王宫庙联合谒祖进香团由团长、台湾三山国王协会会长林枝松先生和荣誉团长、协会创会会长陈添财先生带领，成员来自台湾省三山国王协会和台湾各地的九座三山国王宫庙。在南澳岛和揭西县期间，台湾三山国王宫庙联合谒祖进香团同南澳岛、揭西县的三山国王信众欢聚一堂，就三山国王文化的历史发源、流播发展、文化内涵、社会意义和两地文化亲缘关系等方面的内容进行了探讨。两岸三山国王信众一同进香跪拜圣神，祈福求平安，寄托了一个个美好心愿。

揭西县三山祖庙也于 1999 年 4 月组织 14 人的访问团到云林大埤乡三山国王庙访问，受到台湾各地信众的热烈欢迎。访问团受到了很高规格的接待，包括台湾省主席、议员、立法委员、云林县县长、云林各乡镇乡长及两万多信众到高雄小港机场迎接，充分体现了台湾信众对祖庙的文化认同。可以说，以三山国王信仰为平台的两岸文化交流活动已经成为粤台文化交流的一道亮丽风景线，客观上有力地促进了海峡两岸关系的发展。

三、三山国王信仰在两岸关系中的地位与作用

三山国王信仰在两岸关系中扮演着相当重要的角色，对两岸关系的发展起着不可低估的作用。

1. 三山国王是最早流传到台湾的大陆民俗信仰之一

台湾民间奉祀的诸多神祇大多是在明清时期传入台湾的，特别是在郑成功收复台湾时期。如建于 1661 年的彰化县鹿港天后宫，被认为是台湾岛内最早的妈祖庙；1662 年，祖籍南安的移民把上帝公奉入台湾，建造庙宇加以奉祀；台湾最早的临水夫人庙建于清乾隆年间。根据《荷婆仑霖肇宫沿革志》的记载，最早的三山国王庙建于 1586 年。因此，三山国王被认为是最早进入台湾的大陆民俗信仰之一。这同时也说明粤籍移民在郑成功收复台湾之前，便在台湾开始了大规模的垦殖活动。

2. 三山国王信仰在台湾极具影响力

台湾的三山国王庙十分重视相互间的承启联系，强调本庙香火由祖庙

分香而来，每当庙宇新建或扩建时，都要派人奉神灵到祖庙进香，并迎回当地工匠雕刻的三山国王金身，举行盛大的迎接仪式，以此证明其神明的灵验与正统。日据时期，铃木清一郎在其所著的《台湾旧惯习俗信仰》中曾这样描述台湾移民的分香习俗："时至今日，那些当年的移民，仍然供奉他们大陆家乡的保护神，以及奉祀各自信仰的神像与香火。"据日据时期台湾总督府社寺台账的记载，民间普遍相信直接从揭阳霖田祖庙分香的有四座：彰化县永靖乡的甘霖宫、社头乡的镇安宫、溪湖镇的霖肇宫和宜兰县员山乡的三山国王庙。随着移民的繁衍和垦荒区域的扩大，四庙又各自分出许多子庙、孙庙。如霖肇宫在清乾隆、道光年间便分出霖凤宫、霖兴宫、沛霖宫、泽民宫等多座子庙。这种分香关系直到现在还被信众承认，使霖肇宫成为全岛三山国王庙中香火最旺的一个。分香关系形成的地域性祭祀和信仰网络，与以祖籍认同为基础的地缘性关系相互强化，使三山国王民俗信仰在台湾广为传播，历久不衰。1982 年在宜兰县成立了全台湾性的三山国王联谊会，2002 年在彰化县社头乡的镇安宫成立了中国巾明独三山国王联谊会，充分说明了三山国王信仰在台湾的民间影响力。这种影响力对台湾的选举也产生了一定的影响。在云林县，三山国王信众有 40 多万，1998 年台湾大选，参选人到云林县大埤乡三山国王庙朝拜，当时候选人连战由于在参拜中不下跪，引起庙方不满，结果连战在云林县损失几十万张选票。（云林大埤乡三山国王庙主任委员陈福生语）从这一事例可见台湾寺庙在民间的影响力。

3. 三山国王是台湾众多民俗信仰中与广东有着紧密联系的主要神祇

台湾各籍移民都奉祀祖籍地的乡土神。台湾居民中，以闽南泉州府、漳州府属最多，民俗信仰也以源于闽南的神灵为多，如妈祖、广泽尊王、开漳圣王、保生大帝等。在台湾的诸多乡土神中，由粤籍移民传入，并被粤籍移民普遍祭祀的只有三山国王。正如《台湾通史》所记载，"粤人所至之地，多祀三山国王，而漳人则祀开漳圣王，泉人则祀保生大帝，皆是其乡之神，所以介福禳祸也"，台湾的三山国王信仰具有鲜明的广东地域特征。如建于雍正七年（1729）的台南市三山国王庙，内设韩文公（韩愈）祠及供潮人商贾过往投宿的客栈，因此又被称为潮汕会馆，该庙同时也是台南市潮汕同乡会所在地，被列为台湾二级古迹保护单位，成为粤台关系亲密的文物佐证。

在台湾，乡土神备受推崇，台湾民众特别看重从祖籍传来的神灵，将其称为"桑梓神"。清代以来，台湾同胞通过各种途径，跨越海峡，捧神像回祖庙谒祖朝圣，每一次谒拜祖庙的活动，都能吸引成千上万的信仰者参加，爱国思乡、两岸同根的情怀通过宗教信仰活动得到进一步升华，并沉淀于粤台民俗文化之中。特别是近十几年来，数以百万的台湾同胞到霖田祖庙进香谒祖，寄托着对故土的深深眷恋之情，在客观上发挥着维系粤台同胞血浓于水的骨肉之情的桥梁和纽带的社会作用。

4. 三山国王是粤籍移民开发台湾的历史见证

在台湾早期移民中，粤籍人少于闽籍人。在自然和社会的斗争中，粤籍人比闽籍人更团结。在守护神信仰问题上，粤籍人无论是潮州府、惠州府，还是嘉应府，都奉祀三山国王。这使三山国王成为粤籍移民开发台湾艰辛历程的历史见证。

第一，三山国王是粤籍移民渡海垦荒、披荆斩棘、开拓家园的精神支柱。大陆移民移居台湾，需要渡过台湾海峡。为祈求一帆风顺，粤籍移民在渡海前都要叩头膜拜三山国王或随身携带平安符、小神像之类的圣物，而三山国王也正是这样由粤籍移民传入台湾的。如《云林县东势厝赐安宫沿革》记载，潮州人蔡鸿均在明崇祯末年渡海赴台途中遭遇台风，临危之际，叩求三山国王神灵庇佑，果然有惊无险地随风漂泊至台岛西岸，于是筑庙供奉香火膜拜。移民在经历了九死一生的跨海旅程抵达台湾后，又面临垦荒早期广泛蔓延的瘟疫的严重威胁。在当时医药无法有效控制瘟疫的情况下，粤籍移民只得借助祭拜故乡的三山国王来减少对瘟疫的恐惧。如《云林县大埤乡太和街三山国王庙沿革》记载：康熙年间，太和街瘴气未除，民众染上流行疾病，于是祈求王爷施医救世，罹患奇难杂症者，每求必应，依愿痊愈。民众感于神灵显赫，于是信神更笃，前来参拜者络绎不绝。

第二，三山国王是台湾粤籍早期移民团结整合的象征。由于历史的原因，粤籍移民在台湾大规模垦殖的时间要比闽籍移民迟，同时也面临着更多的挑战。因西部平原为闽南移民所占，粤人便一直迁移到中部、东部山区。当时的垦殖地区大多为尚未开化的原住民所盘踞，原住民为了保护据以为生的鹿场，以及猎取人头以祭祀神祇习俗的需要，时而出草（指台湾原住民猎取汉人首级祭祀神灵）杀人，对移民构成了严重威胁。面对恶劣的自然环境以及与原住民、闽籍移民的生存竞争，粤籍移民不得不依靠集体的力量来求生存、求发展。由于三山国王为广东各地民众所共同信奉，于是很自然地成为移民团结整合的依据。移民们开垦荒地，将三山国王神位祖牌安奉于田寮或供于居屋等处，朝夕膜拜，祈求神贶。开垦成功形成村社后，百姓便集资建造粗陋庙寺，以答谢神恩，神灵逐渐发展为村社守护神。如《云林县志稿》记载了该县北港镇干元宫建庙的过程：“本庙主祀三山国王，源自二百余年前，郑成功开台后，先民自潮州三山国王庙分香至本地，镇宅奉祀。其后住民日增，信仰渐盛，庄民协同创建庙宇，由民宅迁入庙殿供奉。”

第三，台湾各三山国王庙之间的分香关系隐含着粤籍移民开拓台湾的发展路径。大陆民俗信仰传入台湾具有显著的特点：它是伴随着明清时期大陆移民入台垦殖而逐步扩展的，其播迁的方向和范围与移民开拓的路径是一致的。台湾三山国王庙的分布特点及其相互之间显著的分香关系见证了粤籍移民在台湾开发过程中由渡海、垦荒到定居的足迹，使其成为粤籍移民垦荒台湾的历史标志。

5. 三山国王信仰促进两岸经济文化关系的发展，推进祖国统一大业

20 世纪 80 年代末 90 年代初以来，为了吸引台资和外资到广东投资办企业，在大陆广泛流行“文化搭台，经济唱戏”的做法，在揭西主要表现为“宗教文化搭台，经济唱戏”。揭西分别在 2005 年 10 月、2007 年 11 月以霖田祖庙为依托举办了揭西客家旅游节，信徒到祖庙谒祖进香的同时，也顺道考察了大陆的投资环境，促进了揭西经济文化的发展。正如当地政府在《揭西县三山国王祖庙对台接待基地扩建项目用地可行性报告》中所言：“三山国王祖庙具有深远的历史文化渊源，它随着本地侨胞的迁移，从祖庙引香点火在侨居地新建分庙，广布港澳台、新马泰地区。如今，仅台湾地区就有奉祀三山国王的庙宇 410 多座，信众 700 多万人。几年来，台湾地区三山国王祖庙寻根问祖团前来祖庙瞻仰进香的有 600 余团 5 万多人次，并呈逐年增长之势。接待基地的建立，能较好地起到对台交流平台作用，有利于两岸经济、文化交流，促进对台工作。”另外，台湾信徒热心捐资修建祖庙，这在客观上也有利于打造揭西宗教文化旅游亮点，增进揭西祖庙对外吸引力，促进揭西经济的繁荣。三山国王信仰作为中国传统文化的重要组成部分，它超越时空，为两岸同胞所认同。共同民间信仰进一步升华就会发展成为文化的认同，而文化的认同则是中国走向最终统一的重要基础。以三山国王为平台促进粤台民间信仰的交流和互动，充分体现了海峡两岸骨肉同胞携手合作，共同弘扬三山国王文化的热忱，它将有力地增进两岸同胞之间的了解，更好地继承和发扬中华优秀传统文化，为促进国家昌盛、民族团结，实现祖国统一发挥积极作用。

参考文献

[1] 揭西县地方志编纂委员会编：《揭西县志》，广州：广东人民出版社，1994 年。

[2] 贝闻喜、杨方笙主编：《“三山国王”丛谈》，北京：国际文化出版公司，1999 年。

[3] 贝闻喜：《潮汕三山国王崇拜》，广州：广东人民出版社，2007 年。

[4] 社头乡枋桥头镇安宫管理委员会：《镇安宫志》，2004 年。

[5] 揭西县河婆街道办事处编：《广东省揭西县三山国王祖庙对台接待基地扩建项目建议书》，2006 年。

[6] 姚同发：《台湾历史文化渊源》，北京：九州出版社，2002 年。

[7] 连横：《台湾通史》，北京：九州出版社，2008 年。

[8] 林俊聪：《潮汕庙堂》，广州：广东高等教育出版社，1998 年。

[9] 林国平：《闽台民间信仰的由来及发展》，《台湾研究》2002 年第 2 期。

【附录】

台湾赴霖田祖庙进香团名录（1995—2007）

1995年台湾进香团名录

时间	进香单位	人数	备注
1995年2月7日	屏东林边乡进香团	10	
1995年3月5日	彰化霖肇宫、霖济宫	40	
1995年3月7日	屏东潮州镇三山国王庙	20	
1995年3月10日	苗栗卓兰镇进香团	12	
1995年3月16日	彰化鹿港三山国王庙	21	
1995年3月17日	彰化埔盐顺天宫	28	
1995年3月19日	台南开基三山国王庙	13	
1995年4月16日	高雄凤山庙	26	
1995年4月27日	台北吴兴街三山国王庙	57	
1995年5月19日	云林县大埤乡三山国王庙	88	
1995年5月24日	台南下营乡中营国王庙	4	
1995年5月26日	台中大里市立仁里好来五街	9	接两尊神像回台
1995年6月9日	彰化溪州乡三千宫	37	
1995年6月23日	台北市中华两岸事物交流协会	10	
1995年7月7日	台中东势镇新盛里民安宫	10	
1995年8月31日	高雄甲仙蔡明哲等	5	
1995年12月5日	彰化广霖宫	5	

1996年台湾进香团名录

时间	进香单位	人数	备注
1996年3月31日	高雄桥头乡义山宫	20	
1996年4月23日	台中大里市立仁里好来五街	12	
1996年5月14日	彰化鹿港	16	
1996年5月18日	台南开基三山国王庙	22	

（续上表）

时间	进香单位	人数	备注
1996 年 5 月 24 日	屏东满州乡港口村陈左周等	3	
1996 年 5 月 29 日	台北市水源路忠义宫	4	
1996 年 9 月 24 日	台中德惠宫	24	
1996 年 10 月 12 日	彰化广霖宫	7	
1996 年 10 月 25 日	彰化广霖宫	5	

1997 年台湾进香团名录

时间	进香单位	人数	备注
1997 年 1 月 4 日	屏东潮州镇三山国王庙	4	
1997 年 3 月 7 日	彰化广霖宫	9	
1997 年 3 月 13 日	台中大里市立仁里三山国王庙	20	
1997 年 3 月 28 日	台北县新庄市玄合宫	24	
1997 年 4 月 12 日	台南开基三山国王庙	15	
1997 年 5 月 7 日	屏东满州乡港口村陈左周等	10	
1997 年 5 月 16 日	新竹县竹东镇惠昌宫	26	
1997 年 5 月 18 日	台北贡寮乡仁安宫	6	
1997 年 5 月 26 日	高雄凤山市万福宫	35	
1997 年 8 月 24 日	台北贡寮乡仁安宫	27	
1997 年 9 月 19 日	屏东万峦乡万和村三山国王庙	—	

1998 年台湾进香团名录

时间	进香单位	人数	备注
1998 年 4 月 8 日	屏东救世宫、嘉义广宁宫	20	
1998 年 5 月 7 日	彰化埔盐顺天宫	30	
1998 年 6 月 7 日	高雄桥头乡义山宫	20	
1998 年 12 月 30 日	宜兰县罗东震三宫三山国王庙	35	

1999 年台湾进香团名录

时间	进香单位	人数	备注
1999 年 3 月 24 日	台北板桥乡自由路长福宫	20	
1999 年 3 月 30 日	云林县大埤乡三山国王庙	70	
1999 年 4 月 10 日	新竹县竹东镇惠昌宫	20	
1999 年 5 月 8 日	台中县紫云三山国王宫	30	
1999 年 5 月 13 日	台北市三山国王宫	30	
1999 年 5 月 28 日	嘉义县广宁宫	25	
1999 年 8 月 4 日	彰化田尾乡进香团	20	
1999 年 9 月 2 日	台北贡寮乡仁安宫	30	
1999 年 9 月 12 日	台北新店进香团	16	

2000 年台湾进香团名录

时间	进香单位	人数	备注
2000 年 3 月 6 日	南投县清水沟受龙宫	19	
2000 年 3 月 11 日	云林县大埤乡三山国王庙	20	
2000 年 4 月 30 日	新竹县竹东镇福龙宫	20	
2000 年 5 月 5 日	彰化鹿港三山国王庙	20	
2000 年 5 月 10 日	台北板桥观光街国安坛进香团	15	
2000 年 9 月 17 日	嘉义县广宁宫	25	
2000 年 11 月 22 日	彰化广霖宫	5	
2000 年 12 月 28 日	云林县大埤乡三山国王庙	16	
2000 年 12 月 29 日	新竹县竹东镇惠安宫	24	

2001 年台湾进香团名录

时间	进香单位	人数	备注
2001 年 3 月 10 日	宜兰县兰阳振安宫	20	
2001 年 3 月 11 日	嘉义县平安宫	32	
2001 年 3 月 11 日	屏东佳冬乡广惠宫	20	
2001 年 3 月 15 日	彰化广霖宫	20	

（续上表）

时间	进香单位	人数	备注
2001 年 3 月 26 日	彰化鹿港三山国王庙	10	
2001 年 3 月 26 日	彰化埔盐顺天宫	8	
2001 年 4 月 20 日	彰化埔盐顺天宫	42	
2001 年 5 月 14 日	基隆三兴宫	6	
2001 年 5 月 26 日	苗栗市三山国王宫	36	
2001 年 7 月 9 日	嘉义县广宁宫	36	
2001 年 9 月 13 日	台北贡寮乡仁安宫	21	
2001 年 9 月 23 日	云林县大埤乡三山国王庙	316	
2001 年 10 月 31 日	苗栗市三山国王宫	50	
2001 年 11 月 2 日	新竹县新埔镇三山国王庙、广和宫	20	

2002 年台湾进香团名录

时间	进香单位	人数	备注
2002 年 3 月 27 日	嘉义县平安宫	40	
2002 年 3 月 29 日	彰化鹿港三山国王庙	12	
2002 年 3 月 31 日	彰化广霖宫	28	
2002 年 4 月 18 日	屏东内埔进香团	22	
2002 年 7 月 2 日	新竹进香团	20	
2002 年 10 月 23 日	台中东势镇新盛里民安宫	32	
2002 年 12 月 12 日	新竹县竹东镇进香团	25	

2003 年台湾进香团名录

时间	进香单位	人数	备注
2003 年 3 月 14 日	嘉义县平安宫	60	
2003 年 4 月 1 日	新竹县芎林进香团	21	
2003 年 10 月 8 日	新竹福龙宫	20	

（续上表）

时间	进香单位	人数	备注
2003 年 10 月 16 日	台湾刘先生等	5	刘先生在东莞办厂，此次来祖庙接神像
2003 年 10 月 30 日	彰化埔盐顺天宫	20	

2004 年台湾进香团名录

时间	进香单位	人数	备注
2004 年 6 月 5 日	台北进香团	20	
2004 年 7 月 6 日	台北中和市天仁慈圣宫	10	
2004 年 8 月 16 日	宜兰进香团	5	
2004 年 10 月 28 日	云林县大埤乡三山国王庙	82	

2005 年台湾进香团名录

时间	进香单位	人数	备注
2005 年 3 月 14 日	宜兰冬山乡广兴宫	80	
2005 年 3 月 15 日	台北中和市天仁慈圣宫	20	
2005 年 5 月 21 日	新竹县芎林广福宫	20	
2005 年 5 月 28 日	彰化埔心霖震宫	70	
2005 年 6 月 3 日	新竹县芎林惠和宫	50	
2005 年 6 月 7 日	云林县大埤乡三山国王庙	70	
2005 年 6 月 30 日	台北县泰山乡三奉宫	20	
2005 年 9 月 25 日	彰化顺天宫	25	
2005 年 10 月 19 日	台中东势镇新盛里民安宫	30	

2006 年台湾进香团名录

时间	进香单位	人数	备注
2006 年 2 月 16 日	台北中和市天仁慈圣宫	20	
2006 年 2 月 26 日	台北市古圣宫	20	
2006 年 3 月 14 日	高雄市燕巢乡三山宫	30	

（续上表）

时间	进香单位	人数	备注
2006 年 3 月 15 日	彰化县三山国王联谊会	380	
2006 年 3 月 15 日	基隆市太乙宫三山国王管委会	30	
2006 年 4 月 12 日	宜兰冬山乡广兴宫	50	
2006 年 4 月 18 日	新竹县竹东镇福龙宫	20	
2006 年 4 月 24 日	台南三山国王宫	10	
2006 年 4 月 25 日	台北三王宫	25	
2006 年 5 月 5 日	高雄三山国王庙	20	
2006 年 5 月 29 日	台中三山国王庙	50	
2006 年 7 月 13 日	新竹县新埔镇广和宫	20	
2006 年 10 月 19 日	屏东内埔进香团	20	

2007 年台湾进香团名录

时间	进香单位	人数	备注
2007 年 3 月 3 日	台北中和市天仁慈圣宫	20	
2007 年 3 月 16 日	高雄市燕巢乡三山宫	5	
2007 年 3 月 27 日	宜兰冬山乡广兴宫	120	
2007 年 3 月 29 日	彰化县三山国王联谊会	300	
2007 年 4 月 3 日	高雄市燕巢乡三山宫	40	
2007 年 4 月 7 日	台湾南投县原乡客家文化之旅	20	
2007 年 4 月 22 日	基隆市太乙宫三山国王管委会	30	
2007 年 4 月 25 日	苗栗县头份镇三山国王宫	30	
2007 年 5 月 29 日	新竹三山国王宫庙联合会	180	
2007 年 6 月 21 日	台北土城市五谷先帝庙进香团	65	
2007 年 8 月 6 日	广东台商邱胜利等	32	
2007 年 10 月 14 日	屏东三山国王庙	20	
2007 年 10 月 27 日	高雄市进香团	10	
2007 年 11 月 18 日	参加三山国王庙会台湾进香团		
2007 年 11 月 24 日	彰化顺天宫	10	

台湾三山国王庙1985—2007年赴祖庙捐款名录

1985年至1991年

德惠宫人民币10 000元，保安宫人民币6 960元，内埔乡进香团人民币4 215元，霖凤宫、镇福宫人民币1 000元，甘霖宫人民币720元，张福宫三山国王庙人民币600元，内埔乡三山国王庙人民币500元，潮州三山国王庙人民币1 000元，林口庆安富宫人民币200元，兰阳进香团人民币300元，新店市三山国王庙100美元，大兴振安宫100美元，台北福灵宫100美元，保安宫4 200美元，振安宫1 200美元，保安宫500美元，振安宫台币20 000元，福灵宫台币14 000元，苗栗管委会台币5 000元，福灵宫台币1 200元。

1993年至1994年

屏东灵善堂台币24 000元，台北三山国王宫台币6 000元，六根庄庙台币5 000元，右昌三山国王庙人民币6 000元，顺天宫人民币1 000元，广惠宫人民币300元，盐埕三山国王庙1 500美元，屏东财团法人1 200美元，万峦乡三山国王庙500美元，宜兰罗东天凤宫台币10 000元，甲仙三山国王庙台币20 000元，苗栗三山国王管委会台币1 000元，云林县东势乡龙兴坛众信1 000美元，彰化鹿港三山国王庙台币5 000元。

1995年

内新村广灵宫管理委员会人民币3 300元，同霖宫人民币2 404元，佳东三山国王庙台币5 000元，莪仑庙200美元，万福庙众炉下900美元，台南三山国王庙港币10 000元，三千宫管委会台币10 000元，万峦乡三山国王庙300美元，万峦乡三山国王庙人民币500元，龙潭三山国王宫委员人民币200元，鹿港三山国王庙人民币20 000元，顺天宫人民币6 700元，万福庙众炉下人民币3 000元，中营国王庙人民币400元。

1996年

大埤乡太和街人民币40 000元，鹿港三山国王庙人民币20 000元，荷婆仑霖肇宫人民币22 000元，潮州镇三山国王庙700美元，台南市开基三山国王庙港币4 000元，台中丰原德惠宫台币16 000元。

1997 年

三圣救世宫人民币 1 000 元，台南三山国王庙人民币 1 200 元，台南三山国王庙港币 4 000 元，

1998 年

云林县太和街三山国王庙人民币 10 000 元，彰化埔盐顺天宫人民币 6 500元。

1999 年

云林县大埤乡三山国王庙人民币 1 000 元，高雄县凤山市万福宫人民币 6 000 元，台北板桥长福宫 1 200 美元，云林大埤乡太和街人民币 2 000 元，中庄广宁宫人民币 3 200 元，罗东震三宫台币 16 000 元。

2000 年

南投县瑞龙宫人民币 1 000 元，彰化县鹿港三山国王庙管委会台币 10 000 元，广霖宫管委会人民币 36 000 元，新竹县竹东镇惠安宫1 032 美元，云林县太和街三山国王庙台币 40 000 元。

2001 年

彰化顺天宫人民币 8 000 元，彰化县广霖宫人民币 3 200 元，鹿港三山国王庙人民币 2 300 元，屏东广惠宫人民币 1 200 元，嘉义后潭平安宫弟子三兴宫刘永晶人民币 150 元，嘉义后潭平安宫台币 20 000 元，广和宫人民币 1 000 元，中庄广宁宫台币 15 000 元，苗栗三山国王庙管委会台币 20 000 元，云林太和街台币 50 000 元。

2002 年

鹿港三山国王庙人民币 2 000 元，广霖宫人民币 3 600 元，平安宫台币 3 000元，内埔三山国王庙台币 6 200 元。

2003 年

平安宫台币 6 000 元，彰化顺天宫人民币 4 800 元。

2004 年

南澳三山国王庙人民币 500 元，头城巾山宫人民币 600 元，天仁总圣

宫人民币320元，宜兰镇兴庙人民币960元，云林太和街三山国王庙人民币10 000元，新竹镇惠安宫台币10 000元。

2005年

彰化霖震宫人民币1 200元，新竹县芎林乡人民币1 200元，云林太和庙人民币200元，台北三奉宫台币3 600元，宜兰县广兴宫台币6 600元，云林县太和街庙人民币2 000元，新竹县惠和宫人民币1 600元，南投县瑞龙宫人民币1 000元，彰化顺天宫人民币2 000元，云林县太和街国王庙台币12 000元，台北三奉宫台币3 600元。

2006年

高雄燕巢过鞍宫人民币8 888元，宜兰冬山乡永安宫人民币1 200元，高雄右昌人民币1 000元，草屯三山国王宫人民币600元，彰化县鹿港顺天宫吴鸿能人民币1 000元，陈平顺人民币800元，张建亿人民币500元，云林太和街人民币1 000元，台北三王宫台币7 000元。

2007年

宜兰广兴宫台币12 500元，彰化联谊会台币12 000元，太和慈宫人民币600元，高雄过鞍宫人民币1 000元，彰化顺天宫人民币1 000元，彰化县三山国王联谊会人民币6 000元。

后　记

寒来暑往，岁月荏苒，屈指一数来到梅州工作生活已经有十六个年头了。

梅州为一空气清新、环境优美的精致小山城。城市气息淡薄，区位偏远，经济也不发达，却是一个人文积淀深厚的历史文化名城，特别是20世纪80年代客家文化研究兴盛以来，梅州有了“世界客都”的美誉。

客家文化作为最具“活力”的地域文化，在20世纪80年代以来“文化搭台，经济唱戏”的发展思路下成为客家地区各级部门关注的热点。作为粤东梅州地区的唯一高等学府——嘉应学院更是以客家文化研究为其办学特色，极力推动客家研究。从20世纪90年代的客家研究所发展到今天拥有数个省级科研平台的客家研究院，一直以客家历史文化研究为其主流研究方向，取得了一定成绩，在海内外客家学界小有名气。

作为最早进入研究院的研究人员之一的我，大学学的是历史，研究生读的是中国地方史专业，来到了梅州似乎是在对的时间来到对的地方。十几年来一直在客家文献中徜徉，在客家乡村游走，践行着一个研究者的文化使命，虽碌碌无为，却也油然而生出许多或直观或抽象的体验与感慨。期间也对客家的一些问题有一些理解，在一些刊物发表了一些诸如民俗解读、文化阐述、历史人类学调查分析等方面的论文。然于交流、访问等场域，每被问及自己之研究方向，总是无能答对，只是谦虚一笑以应之，至多也只是以“研究客家历史文化”而搪塞。虽无明确研究方向，但是客家地区淳厚的古风古俗总是让人记忆深刻，而以宗族祭祀与神明崇拜尤甚。缘此，2009年本人申报广东省普通高校人文社科重点研究基地重大项目“社会转型中的客家民间信仰研究：以粤闽赣边客家地区为重点研究”并获批准。

项目立项以来，在前期积累基础上，一直注重客家民间信仰功能、客家公王信仰、天后崇拜、基督教与本土文化的互动等主题的研究，成果陆续发表在各级学术刊物上。本书就是在以往的研究成果基础上，通过文献梳理，辅之以大量的田野材料，以梅州为中心，勾勒出宋、明以来民间信仰作为一社会文化元素在地域社会的构建、与客家族群的互动发展的流变发展历程，力图从历史人类学的视野深化当前的客家文化研究。同时注重“经世致用”的史学思想，关注近代以来民间信仰视角下东西方文化的互动、海峡两岸的信仰互动等内容，以期为客家民间信仰的未来走向提供借鉴与经验。

感谢研究过程中给予各种帮助的学校领导、师友和乡村贤达，感谢暨南大学出版社总编辑史小军教授的关心帮助及各位编辑的辛勤付出。

基于个人学识、眼力等诸主客观因素的限制，书中肯定存在不少的错漏，期待同行与读者的指正。

宋德剑

2015 年春于嘉大愚室